捨て本

堀江貴文

徳間書店

本当にそれは必要ですか？

序章

this moment

大切なモノを
捨てていくことが、
本当に大切なモノに
アクセスする
手段となる。

もともと、モノへの執着は人並みに強かった。

身の回りのモノをごっそり捨ててしまう、俗に言う〝断捨離〟を経験したのは、だいぶ大人になってからだ。

2011年6月、ライブドア事件の裁判を経て、僕は長野刑務所に収監されることになった。その直前に、六本木の自宅を引き払うことになり、持ち物の大部分を、ごっそり処分した。

知り合いのなかでも、僕はモノには執着しない方だと思っていたが、それでも結構な量があった。友だちにあげたり、業者に引き渡したり……モノを捨てきって、がらんとした部屋に、ぽつりと立った。

思い出したのは「ナスビさんチョッキ事件」だ。


幼稚園の頃の話だ。

僕は白地にナスとニンジンなど、ファンシーな野菜の絵が描かれたチョッキを愛用していた。「ナスビさんチョッキ」と呼んでいた。

これさえ着ていればご機嫌で、一番のお気に入りの服だった。

あの頃の僕には、間違いなく、宝物のひとつだったと思う。

どうしてそんなに大事にしていたのか？　特別なプレゼントというわけでもなく、手に入れるのに苦労したわけでもない。大事にしていた理由が、自分でもまったくわからなかった。

しかし、大事なモノだと一度思いこむと、その感情は、強く固定化してしまう。これは子どもだからではなく、大人も同じだろう。


僕はナスビさんチョッキを、大切にしていた。

ずっと自分のモノであると信じていた。

だが、成長が早い子どものこと、幼稚園の年長ぐらいに、サイズが小さくなった。

着られなくなったので、チョッキはタンスの奥に仕舞われていた。

それでも大事なモノであることには、変わりなかったのだけど……。


ある日、ふとタンスを開けたら、ナスビさんチョッキがなくなっていた。


「ナスビさんチョッキはどこにいったの⁉」

泣きながら、母親を問いただした。

すると、ママ仲間同士で服の譲り合いがされたとき、知人の小さい子のところにチョッキをあげてしまったのだという。

僕にひと言ぐらい訊ねてくれてもよさそうなものだが。それを聞いて、しばらく涙が止まらなかったのを覚えている。


その後、数日間は、悲しい気持ちがおさまらなかった。

手元に、それがないという現実を受け入れるのが、辛《つら》くてしょうがなかった。

母親からしたら、あんなどこにでもあるようなチョッキを、なぜそんな大事にしているのか、不思議だったことだろう。

現在の僕も不思議に思う。それを大切にする意味は、まるでない。

でもそれは後になってから、思えることだ。

大切なものは、大切だった。

その喪失感は、今も鮮明に思い出すことができる。


別に、チョッキに思い入れがあるのではない。

大事だと「思いこんでいるモノ」にとらわれていた、原体験のエピソードとして、記憶に残っている。

あなたにも、経験があるだろう。

なくしたときは悲しんだけれど、後々になってからは「なんであんなものを大事にしていたんだ?」と、首を傾げてしまうようなモノを持っていた。

子どものときだけでなく、つい最近も、経験したのではないか?


必要な道具、宝物、それが人生を豊かにしてくれると信じている多くのモノに囲まれて、人は暮らしている。

だが、ほとんどのモノは、「大切」という幻想のパッケージにくるまれた不要品だ。

不要品という表現は厳しいかもしれないが、それらを失ったところで特に何ともない。まず命までは、奪われたりしない。

逆に、持ち主の決断や行動を縛りつけていることもある。

本当に大切なモノへアクセスするのに、障害となっているのだ。


僕も、かつては人並みに所有欲にとらわれていた。

だが、これまでに経験したさまざまな別れや喪失を経て、いまは完全に解放されたと思う。

それは自分の意志だけではなくて、僕の場合は国から、半ば一方的に捨てさせられた事情もあるが、それでも捨てたこと、なくしたことへの後悔はなかったりする。

モノがなくなり、身軽になるほど、行動のスピードは上がり、アクセスする情報や世界のステージは高まっていった。

大切なモノを捨てたことで、もっと大切なものが、自分のなかで明確になっていったような感覚だ。


モノを持つことを、否定はしない。

何かに執着する気持ちも、宝物を愛する気持ちも、モノを得るためには、何がしかの努力をしなくてはいけないことも、理解している。僕もかつてはそうだった。

そんな時代を過ごして、たまたま何度か、その欲を満たすことができた。だからこそ、モノをほとんど持たなくても不安にならない、逆に本当に大事なことだけに突き進んでいける、現在の心境にたどりつけたのかもしれない。

いろんなところで語っているが、いま僕には家がない。いわゆるノマドな生活をしている。

東京にいるときは、あるホテルが定宿だ。

私物は、スーツケースに4つほどで収まっており、そのホテルに保管している。スノーボードのボードとか、アクティビティ系の少しかさばるものは、別のオフィスの一角に置いてあるが、ごくごくわずかだ。家具も家電も持っていない。

移動のときはスマホを持つぐらいで、基本的には手ぶらだ。

財布は持たない。マネークリップには自動車の運転免許証、小型船舶操縦士免許証、健康保険証、クレジットカード3枚、キャッシュカード2枚、PASMO、現金、それだけだ。ノートパソコンも使わなくなった。

周りから言わせると驚くほどの軽装らしいのだが、一体このほかに何を持つべきなんだろう？

この程度の持ち物で、大概の人よりも多くの仕事をこなし、楽しく、刺激いっぱいの人生を過ごせている。

いま、この本を読んでいるのが、あなたの自宅なら、少し部屋を見まわしてほしい。

きっと大切なモノが、たくさん置いてあるだろう。

お気に入りの洋服、高かったブランド品、好きな人からもらったプレゼント、好きなアーティストのグッズ、仕事先の名刺ファイル、資格勉強の参考書、親からの手紙……部屋の外には自転車やバイク、パーツにお金をかけた車もあるかもしれない。

「どれも大事」

「ずっと死ぬまで持っていたい」

「これがあるから自分は頑張れる」

そういった気持ちがこもっているモノも多いはずだ。


そして、形のないモノも持っている。

親への恩、仲間内での義理、借りを返す責任、上司からのプレッシャー、習い事の約束、飲み会や遊びの予定、締め切り、嫌いなやつへの怒りや恨み、将来への不安……。

ポジティブなモノはさておき、持っている事実を認めるだけでため息が出る、ネガティブな感情も少なくないと思う。

あなたの持ち物は、良くも悪くも、たいてい「捨てられない」「捨ててはいけない」ものばかりだ。

でも、あえて聞こう。


本当に？　本心から、そう思ってる？


なくなっても、大騒ぎするのは、そのときだけじゃない？

それを捨てても、あなた自身を含めて誰ひとりあなたを責めないはずだし、困ることもないでしょ。

あなたはモノが大切なのではなくて、いま持っているモノにまつわる、人間関係や安心感に、見捨てられるのが怖いだけなんじゃないか。

断言する。モノへの愛は、ほとんどは思いこみである。

あなたが愛しているほどに、モノの側は、あなたを愛していない。

モノに囲まれた偽の充足より、それを大胆に捨てて、軽やかに走りだす爽快感を選んでほしいのだ。

モノの量は、思考の密度を奪う。

「なくしたらどうしよう」「それを失うと自分が欠けてしまう」という、余計な不安が頭のなかに生じる。

安心するために必要だったモノは、逆に不安を増幅する装置となる。

自分の命以外の何も所持していない、赤ん坊に何か不安があるだろうか？

それは極端な例かもしれないが、所有しているモノが少ない者が、不幸であり、満ち足りていないとは、決して言えない。

僕らは、所有欲に振り回されなかった、赤ん坊に戻っていいのだ。

テクノロジーの急速な進化の結果、信用評価による経済活動やシェアリングエコノミー、クラウドファンディングなどの支援の仕組みが成熟しつつある。富の再配分のシステムについても、ベーシックインカムの方が合理的ということに遠くない将来、みなが気づき始めるだろう。

人は誰かの助けの手を得やすくなってきた。助けを与える側のハードルも下がってきた。

たとえ、お金やモノがなくても、昭和や平成の最初の頃の「お金持ち」と同じような暮らしが享受できる社会になりつつある。

あなたは決して、独りきりではない。

いまは孤独を感じるかもしれないが、あなたを囲んでいる不要品が、視界を遮っているだけだ。モノの壁の向こうには、助けてくれる人が大勢手を差し伸べている。

それがこの社会の真実であることを、僕はずっと説いていく。

「常識や理屈に縛られ、思考停止した生き方をしている人が、どうすれば自由に生きられるのか？」

これは、僕が近年ずっと探求し、世に送り出した何十冊もの著書で発信してきたメッセージの根源にもなっているテーマだ。

繰り返すが、僕はすでに所有欲からは解放されている。禅僧のように超然としているわけではない。ナスビさんチョッキを失って泣いたように、「捨てる」行動や選択には、時に痛みや寂しさが伴うというのもわかっているつもりだ。

僕も昔は、あなたと同じように、モノを大切にしてきた。さまざまな出来事や実践に際して、「捨てる」作業をひとつずつ、人と同じように繰り返してきた。そうして現在の「持たない」暮らしに至っている。

僕のある種の強さは、「捨てること」と「持たないこと」の徹底した積み重ねが、基礎になっていると言えるだろう。

豊かに生きるには、モノや他人への執着を捨て、いまを生きること。

他人を気にせず、自分の気持ちに従うこと。

ケチにならず、分け与えることだ。

格好つけているわけではない。これが、この世の真理である〝諸行無常〟に最適化した方法なのだ。

誤解されたくないが、別に僕は諸行無常を人生のテーマにしているのではない。

昔、インタビューなどで「座右の銘は？」と問われ、面倒くさいから「諸行無常」と答えることもあったが、これをモットーに行動や選択を行っているわけではない。

自然な、自分にとってストレスのない選択を重ねていくと、結果的に諸行無常に即したスタイルになった、というだけのことだ。

諸行無常は「捨てること」に通じる。

すべてのものは移り変わる。

だから、いつまでも同じモノを持ち続けることはできない。

持ち続けようとこだわると、矛盾と軋轢を生むのだ。

この〝断捨離〟がうまいか下手かで、移り変わりのスピードが加速度的に速くなり続ける現代における幸せの量が、大きく変わると言っても過言ではないだろう。

ふだん過去を思い出すようなことは滅多にないが、本書では久しぶりに40代後半までの半生を振り返り、僕なりの「捨てる論」を明かしていこうと思っている。

僕はお金の啓発やビジネスの成功法、人生への指南や思考論など、多くのテーマで本を書いてきた。今回はいつも以上に、自分には当たり前すぎるほど当たり前で、読者へのおせっかいの度合いの強い本になるだろうと、いまから感じている。

最初に、語るべきことをまとめて言うなら――。

「あなたは本当に必要なモノが何なのか、わかっていますか？」ということだ。

そう言われて、イラッとするより先に少しでもドキッとした人は、ここから語っていく話を読む意味が、大いにあるだろう。

「所有」という概念はだんだんと溶けていき、やがては遺物になっていく。

シェアリングエコノミーは、若い世代から順番に、ライフスタイル、ひいては社会の常識を、変えていこうとしている。

価値（値段）の高いモノを「どれだけ持つか」よりも、「どんな価値観を持つべきなのか」が、真剣に問われる時代になっていく。

モノに縛られ続けるか、モノを飛び越して好きなように動いて暮らすのか、選ぶのはあなた自身だ。

僕はもちろん、すべての人が、後者であってほしい。

2011年、著書『お金はいつも正しい』で、僕は次のように書いた。

「これから世界は、加速度的にグロスからネットの社会に変わっていくでしょう。GDPや売り上げのようなグロスを追う時代は終わり、「中抜き→デフレ」が進む中で、実質的なクオリティ（＝ネット）が重視される時代になるわけです。

それは、バカ高いブランドものより、自分にとって本当に必要なものが優先されることを意味します。自分が求める「質」を大切にしていれば、たとえ低いとされる年収であっても豊かな生活が送れるようになります。」

8年前、スマホがまだ普及していない頃の談だ。だいぶ時を経てしまったが、言いたいことの軸は変わっていない。

豊かな生き方とは、お金にまつわる既成概念から、解放された先にあるのだ。

しかし旧来の既成概念は、いまだ解かれず、多くの人々が古い常識や価値観にしがみついて、自ら苦しんで生きている。

長年繰り返して、自分の思い出したくない過去や恥ずかしい話も引き合いに出しながら、声の限りに、本質的な意見を述べ続けているのに、なかなか世のみんなは変わらなかった。多少の無力感を感じないでもないが、僕は挫《くじ》けていない。

別に世のため人のためにやっていこう、なんて考えていない。

僕なりに実践や提案を続けていくことで、結果的に社会をバージョンアップさせる一助になればと思っている次第だ。そうすると、僕のストレスも少し減ってくれる。

まずは本書が、あなたに「捨てる勇気」を与え、人生の余分なウエイトを取り除ける手助けになれば嬉しい。

読み終わったとき、いまこの瞬間より身軽になって、新たに動きだそうと踏み出してもらえたら本望だ。

CONTENTS

1 序章 this moment
大切なモノを捨てていくことが、本当に大切なモノにアクセスする手段となる。

第1章 from 1972 to 1990

26／所有欲／
「所有」と「獲得」。この2つは似て非なるものだ。
決して混同してはならない。

32／収集癖／
レアな切手も「1億円」あれば手に入る。こんなものに意味はないのだ。

38／仲間／
優先されるのは正論ではない。
それで正しいことを言えなくなるなら「友だち」なんていらない。

49／プライド／
辛く苦しいときに、どう対処するか。あえてピエロになるという選択。

54 ／気配り／自身の不変の枠組みを主張していけば評価のステージは必ず上がる。
61 ／ぶつかり合う勇気／人間関係はグラデーションなのだ。決してゼロかイチかのデジタルではない。
69 ／誰かのせい／自己否定の連続こそが強いアイデンティティを育てる。他人のせいにしても、あなたの未来は開けない。
75 ／お金か時間か／時間をショートカットするためには「借金」だって立派な手段。
79 ／「捨てる」こと／寂しさを避けるため現状維持を選ぶ。それは絶対に間違っている。一度「捨てる」と決めたら、「捨てられる」側は無視する。
COLUMN ―― 貯金型思考と投資型思考／借金／プログラミング的思考／学歴／終身雇用

第2章 from1991 to 2003

96 ／童貞マインド／女子が近くにいても挙動不審でまともに話せない。なぜなら「傷つきたくない」から。

102 ／就職／
一流企業勤めか研究者の道か。
よく考えてみたらそれは「わざわざ大変な人生」を選択することだった。

110 ／執着／
「自分の中の流れ」には逆らわない。
流れに身を委ねて、ただ、目の前のことに集中する。

121 ／部下とビジネスパートナー／
「同志」のような存在に期待しない。
利害関係と目的が一致すればとりあえずビジネスはうまく進む。

129 ／人間関係／
ステージごとに人間関係はリセットする。
しがみついているのは、むしろあなたの方かもしれない。

136 ／体験／
モノは盗まれるし朽ちていく。でも、体験は尽きない。
誰からも奪われたりしない。

143 ／愛着／
根拠のない「愛」とか、ましてや「縁起」とか（笑）。
全部捨てて何が悪いのか？

148 ／他人への期待／
「俺が育てた」ことなんてない。
成功する人はひとりで、勝手に成功していく。

155 ／過度な自己評価／
自己評価はあえて低く設定する。それがアウェイに
挑戦するための原動力になってくれる。

第3章 from 2004 to 2013

162 ／結婚／ ひとりきりは寂しかった。
でも、自分で「捨てる」と決めたから後悔はしない。

172 ／家／ それは家族のため？ 自分のため？
全部、違う。あなたは刷りこまれているだけだ。

177 ／子ども／ 自立するまで豊かな生活を守る。だから
18年間、養育費をケチらず払い続けた。

COLUMN —— 持ち家／子ども／育児／結婚

188 ／後悔／ 良いこと・悪いことは表裏一体。
だから過去も未来もあれこれ「考えない」。

193 ／アイデンティティ／ 絶対に捨ててはいけないもの。
それは「自分が自分であること」だ。

196 ／家財一式／ 収監という「強制断捨離」。
何もない部屋で感じたのはすがすがしさだった。

200 ／チーム／ 空中分解した僕の宝。目指す未来が失われたことは心底、悔しいと思った。

205／抵抗／「やるべきこと」をやった後は、悪あがきをしない。急な流れの中でケガをしないように。

211／信用／人は必ず嘘をつくからそれを前提に付き合う。100%の信用が担保された人間など存在しない。

220／恨み／唯一できることは「許す」こと。人も自分も変わっていくのだから。

224／幸せの単位／状況を受け入れて、できることを積み重ねる。罰ゲームは必ず終わるのだ。

229／分かち合うこと／独占ではなく共有。体験は共有することで楽しみのバリエーションが広がる。

239／金儲け／かつて儲けまくった僕は痛感した。この国ではお金を儲けると損をする。

245／マインドシェア／恋人は20%ぐらいのシェア。図々しく他人とリスクを分け合っていこう。

COLUMN —— 洋服／語学／合コン／営業力

第4章 from 2013 to 2019

254 ／持ち物と思い出／思い出を捨てられない人はヒマなだけだ。場所はおろか時間まで取られてタチが悪すぎる。
261 ／修業／時間をかけないと得られないスキルは実はほとんど存在しない。「下積み」は既得権を守るためのポジショントークである。
272 ／嫌な仕事／辞められない理由はなんだろう。安心感？　安定感？　違う。〝損切り〟に臆病になっているのだ。
277 ／時間／「堀江さんのような仕事をしたい」と言ってくれる人は多いが、それは無理。時間への感覚がまったく違う。
281 ／好奇心／誰からも奪われることがない自分だけの人生の相棒が「捨てるもの」を最適化する。
288 ／遺伝子／本当に伝えるべきはゲノムではなくミームなのである。
COLUMN――副業／グローバル志向型とローカル志向型／習慣づけ
298 終章 to the future
これは確実な根拠と予測に裏づけられた成功するビジネスだ。

第1章

from 1972 to 1990

お金で買えるものに
時間と資金を投じるのは無意味だと、
僕は早くに気づいてしまった。
そして理不尽な片田舎の故郷を
僕は捨てた。一切の躊躇なく。

所有欲

「所有」と「獲得」。
この2つは
似て非なるものだ。
決して
混同してはならない。

僕には所有欲がない。

車に家、高級スーツに時計、貴金属、有名なアート、トロフィーワイフ……多くのいわゆる金持ちが求めている、**「自分の成功を象徴する」ような実体物を、何ひとつ持ちたくない。**

スマホだけは持っていようと思う。仕事や遊びに、いまのところ最も役立つからだ。けれど、もしスマホ以上に、僕のいまの暮らしを最適化させてくれるツールが出現したら、スマホもためらわず捨ててしまうだろう。

堀江さんは、いま何が欲しいですか？

インタビューで、うんざりするほど聞かれてきた。

「ないです」「え、何も？」「はい、まったく」「…………」

こんなやりとりを繰り返してきた。

質問者が聞きたい気持ちもわかる。取材の対象になるような経営者やビジネスパーソンは、欲しいものを聞かれると、たいてい何かしら答えてくれるらしい。人によっては、その理由や意味がキャッチーで、何も持っていない世の若者たちを勇気づけてくれる。

何か意味のあるものを欲しがるというのは、成功者のステイタスでもあるのだろう。

逆に「何も欲しくない」という僕のような答えは、拍子抜けなのかもしれない。


サービス精神で、何か気の利いた欲しいものを、答えられればいいのだけど……どんなに考えても、欲しいものはないのだ。以上。

無愛想とか、つまらないとか言われても、しょうがない。

その問いに、あえて僕なりに答えるなら。

所有欲にとらわれていた時代は、あるにはある。

でも、その欲はとっくの昔に満たされたので、所有しなくても自分を豊かにしてくれる、いろんなものを見つけて楽しく暮らしています……というぐらいだ。


そもそも所有欲とは、何だろう？

形があり、スペースを取られるものを、なぜ僕たちは欲しがるのだろう。

持つということによる、**喜びや安心は、本物なのか？**

持っているものが、**いつまでもそこにある保証は、誰がしてくれるのだろうか？**

所有するという**欲望の根本的な理由は、何なのか？**

突きつめて考えていくと、哲学問答になりそうだ。

所有欲は、人には誰にでも備わっているけれど、本質的には無意味だ。それは仏教や、世界中の宗教で説かれている真理なのだ。


所有欲は、状況によれば行動のモチベーションにもなるだろう。

でも所有欲が、人を幸せにすることはない。まず、ない。

あるとしたら一瞬だ。


いままで持っていなかったものを、努力して持ったとき、その瞬間は満たされる。

しかし、勘違いしてはいけない。

それは「獲得」の喜びであって、「所有」とは違うものだ。

所有する喜びと、獲得する喜びを混同してはいけない。

獲得は、ある意味で報酬になる。ノルマ達成や借金返済、投資回収など、ビジネスにおいての積み上げは、大事な獲得の作業と言えるだろう。

しかし所有は、報酬ではない。

所有はリスクだ。

失うことへの不安、管理の手間、執着心と、いくつものネガティブ要素を運んでくる。

本棚に飾っておいたり、タンスにしまっておける程度の大きさのものならいいけれど、持ち運びに難儀したり、持っているだけで出費を強要されたり、何らかの制限が付随してくるようなモノは、リスクでしかない。

対処策は、ひとつだけ。

ためらわず、捨てることだ。

喜びはモノを所有しなくても満たせる。

逆に、**うまく手放していければ、本当に欲しいものへと手を伸ばすことができる。**

いったん所有欲に縛られると、「あれが欲しい」「これを手に入れたい」と所有物のために働くようになり、本当に自分がやりたいことに、集中できなくなる。

所有物が価値を判断する基準となるので、自分が持っていないモノを持つ人を妬んだり、持っているモノを失うことを恐れたりと、心はまったく休まらなくなる。

収集癖

レアな切手も
「1億円」あれば手に入る。
こんなものに
意味はないのだ。

小学校6年生から中学の始めぐらいまで、僕は趣味で切手収集をしていた。雑誌の通販に申しこんだり、古銭商に行ったりして、古切手を買い集めていた。『月に雁』『見返り美人』など、有名なプレミアム切手にも憧れがあった。

もちろん、子どもの小遣いの範囲内なので、たかが知れている。『月に雁』など買えるわけない。でも、たいした金額ではないが、「欲しいものを買って自分のものにする」喜びは充分に得られた。

切手を集めていると、自然と知識もついてくる。

昭和以前の切手や発行枚数が少ない限定版など、手に入れづらい切手がたくさん存在することを知った。オークションイベントや交換会の情報も得られるようになった。

高価で貴重な切手が、たくさんあるんだな……と思ったとき、ふと、気づいた。

「大金持ちだったら、全部、集められるんじゃないの？」

これは、僕にとって非常に意味のある発見だった。

日本国内のプレミアム切手のなかで、特に貴重なのは明治初期に発行されたものだ。

現存数は少なく、種類によっては数百万円の価値がつけられている。最高額とされるのは竜文切手と呼ばれる正方形の切手だ。逆刷りエラー版が、カタログ評価で３０００万円以上。もしオークションに出品されたら、１億円は確実に超えると言われる。しかし、１億円なのだ。

お金に換算できるもので、入手不可能なものではない。

貴重な切手は数少ないけれど、１億円でモノを買える人はたくさんいる。「欲しい気持ち」の多寡なんか関係なく、１億円をポンと払える人のもとに、竜文切手は行くのだ。

当時の僕はどんなに逆立ちしても、１億円なんて払えなかった。でももし億万長者になったとして、竜文切手をはじめ貴重な切手をすべて買い占めるだろうか……？　と考えた。

結論、「バカらしい」だった。

切手収集は、ただ獲得の快感を積み重ねているだけだった。所有することより、手に入れたという喜びを、なけなしのお小遣いを使って、連続させていたのだ。

そんな喜びは、大金があれば、一瞬で総取りできる。

金ですべて満たされるような趣味に、意味はない。

そう考えたとき、楽しんでいた切手収集の意欲が急速にしぼんだ。

大事にしていた切手たちが、すごくつまらない、不要品に見えてしまった。

普通の子どもは、じゃあ金持ちになってやろうと奮起するのかもしれない。

でも僕は、わかってしまったのだ。

どんなに貴重なモノでも、値段がついていれば、お金で買える。

所有は「それを買えるチャンスと経済力があった」という事実を可視化しているだけ。持っていること自体には、何の意味もない。

もともと気まぐれに始めた趣味だったこともあって、決断は早かった。買い取り業者に、1枚残らず、すべて売り払った。

少しは「もったいなかった」と後悔するのかなと思ったが、一切ない。

空っぽになった切手ケースを見て、心の底からスッキリした。

「金で満たされるものに時間と出費を投じるのは、無意味である」

僕の思考の根本に通じる、大切なことに気づけた出来事だった。

それ以降、高校生ぐらいまで、金のかかるタイプの趣味は持たなかった。

同級生たちが熱心に集めていたビックリマンチョコもミニ四駆も、僕はハマらなかった。

ガンダムプラモには少し興味があった。でも手先が不器用だから、組み立てとか色塗りが下手くそで結局、楽しめなかった。

地元のゲームセンターには、しばしば通った。

アーケードゲームのインベーダー、ドンキーコングは楽しくて、遊びまくった。

1プレイ100円だったと思う。お金はガンガンかさむ。楽しんだ後に、所有という形で何も残らないのが、ゲームのいいところだった。

夢中になりすぎて、お小遣いを使いきってしまった。一度、こっそり親の財布からお金を盗ってゲームセンターに行ったことがある。もちろんバレて、こっぴどく叱られた。

何も言い訳できない。借金や泥棒してまで、遊んではいけないのだ。

大人になるまで変わっていない戒めのひとつとなっている。

仲間

優先されるのは
正論ではない。
それで正しいことを
言えなくなるなら
「友だち」なんていらない。

小学生のとき、僕は柔道を6年間、習っていた。一応は格闘技の経験者なのだ。自分から習いたいと言ったわけではない。ある日、母親に「柔道に行く」と、一方的に車に乗せられ、柔道場に連れて行かれた。そこから6年間である。

僕の意志も何もない。母親はおおかた、知り合いの誰かに勧められたか、男の子は柔道を習うものだと決めこんでいたのだろう。

練習はきつくて、ちっとも楽しくなかった。自分から能動的に、やり始めたわけではないので当然だ。

でも母親に練習のサボりは厳禁されていた。たまらず道場を抜け出したときは、めちゃくちゃ叱られた。

親というのはどうにも理不尽だな……と、ため息が出そうだった。

柔道については、何も思い入れがない。

やるだけ損だったとまでは言わないが、本当にやりたくなかった。

6年間も続けていれば普通は多少の興味が出てくるものらしいが、僕には少しも生まれなかった。

自分からやろうとしていないものに、いくら時間を投じても、まったく気持ちは入らない。

大人になってから、オリンピックで柔道の試合を熱心に見たりも、一切ない。

柔道、嫌いだったなぁ……という感情を抱くのみだ。

小学校時代は全体的に、つまらなかった。

まず授業が、絶望的につまらなかった。

僕は教科書を一度読めば、ほとんど書いてあることが理解できた。なので教師が教科書と同じことを、教壇で話しているのを聞くのは、すごく苦痛だった。授業の進むスピードが遅いのもイライラしたし、理解できないという同級生のことが本当に不思議だった。

テストは基本的に、どの教科も100点だった。なかでも算数は得意で、テストは最初の10分で済んだ。

しかしテストの終わり時間を待たされるのが、また苦痛な時間だった。見かねた先生が黒板の前の席で、僕にクラスメイトのテストの採点をさせた。

「テストが終わった後は寝てていいですか？」と先生に聞いて、ダメだったから、「じゃあ採点させてください」と、僕の方から申し出たのだ。

あっさり許してもらえたのは、先生としても助かったからだろう。

いまにして思えば、**相手の利益になることを提案して、自分の時間を有効に使う方法**を、小学校時代から工夫していたともいえる。

そんな発想を、周りの友だちは一切しなかった。

僕にとっては普通のことなのに、どうしてみんなは違うのだろう？

僕の頭のなかは、なぜみんなと一緒じゃないんだろう。

孤独感というまでおおげさなものじゃない。でも、自分と周囲との差異を、気持ちのなかで埋めることは、できなかった。

あるとき、クラスメイトの吉田君と言い争いになった。

吉田君は地元の開業医の息子で、クラスを仕切っているボス的な存在だった。

彼は女性の出産の仕組みについて、「赤ちゃんはお母さんのお腹をかっさばいて出てくるんだ」と、得意げに語った。僕は百科事典で本当の知識を知っていたから、「ぜんぜん違う！」と反論した。

クラスのみんなは吉田君の味方で、僕が「堀江君は嘘を言ってる」と責め立てられた。いくら百科事典に書いてある事実だよと言っても、聞いてもらえなかった。

いいかげん頭に来て、僕は吉田君と取っ組み合いの大ゲンカになってしまった。

そして、このケンカは、帰りのホームルームの議題になることになる。

そのとき同級生のひとりが、

「堀江君は自分の考えを言って、勇気があると思いました」

と言った。

僕を擁護するつもりで言ったのだろうけど……えっ⁉　と思った。

〝勇気〟とか関係なくない⁉

吉田君はおかしいことを言ってたから、僕は正しい知識を伝えただけだ。

でも、この同級生の言葉に賛同する子が、ぱらぱらいて、僕は「勇気ある態度をとった」と評価されるようになった。

いやいや……。おかしいでしょう！

おかしいけど、そういうものだった。

普通の人が優先するのは、正論ではなくて、クラスのボスに異を唱えたという〝勇気〟だったのだ。

怒る気持ちはしぼんで、急に無力感におそわれた。

みんなにはついていけないなぁ……と、心底思った。


そんな感じなので、一般的に言う「友だち」は少なかった。

昨日観たテレビの話とか、プロ野球の話ぐらいは付き合った。けれど僕はもっと知的好奇心を満たすような会話がしたいし、知識を交換したい。

でもそれはできないと、早い段階で悟ってしまった。

小学校は僕にとって、楽しい場ではないのだと認識した。

当時のいちばん広い世界が、楽しくないと知るのは、けっこう辛いものがある。

僕は友だちと関わるのを、だんだんやめていった。距離を取るほどでもないが、あえて仲良くなろうとは、しなくなった。

別にそれでいいと思う。友だちはいてもいなくても、いい。

おかしいことはおかしい！　と言い切ったのは、すがすがしかった。

それで友だちができなかったというなら、結構だろうと思う。

間違った知識を共有して、ぬるく笑い合っているような友だちなんて、いてもしょうがない。

言いたいことは、声を大にして言う。それはずっと変わらなかった。

思えば友だちづくりは、下手な方だった。

中学に上がったとき、入学祝いで両親にＭＳＸパソコンの日立Ｈ２を買ってもらった。人生で初めてとなる、自分の所有するパソコンだった。

当時は『マイコンＢＡＳＩＣマガジン』や『月刊アスキー』を読みあさり、朝から晩まで、ゲームのプログラミングに夢中になっていた。

完全に、プログラミングの魅力にハマった。

同級生のなかでパソコンを持っている子はほとんどいなくて、プログラミングを一緒に楽しめる友だちは誰もいなかった。

遊んでくれる友だちがいないので、ひとりで楽しむしかない。

好きな趣味を見つけたのに、ずっとひとりで遊んでいる時間が長かった。

それで別に寂しくはないから、よけい友だちは増えづらかった。


一緒に遊んでくれる友だちがいない趣味は、長続きしないものだ。

そのうちプログラミングも、尻切れトンボのように飽きてしまう。

後に、大学時代に競馬にずっぽりとハマってしまうのだが、僕は毎日のように競馬で遊びたいのに、そこまで付き合ってくれる友だちは、ひとりもいなかった。

結局、友だちはみんなルーティン・ワークの方を大事にするというか、僕ぐらい熱中して趣味に没頭できる人には、出会えなかった。

僕は、根本的には寂しがり屋なのだろう。

同じ楽しむなら、友だちがいた方が、やっぱり嬉しい。

友だちを、あえてつくろうとすることはしないでもいいと思う。

趣味に夢中になる、その結果として同じボルテージで一緒に楽しんでくれる友だちが、自然に現れてくれるのが理想だ。

ありがたいことに、仕事でさまざまな経験を積むうちに、多くの縁で面白い友だちを持つことができた。

好きなことをやり続けていると、特につくろうと努力しなくても、勝手に友だちはできるのだ。

何年もずっと友人関係でいる人は、数えるほどだ。

会いたいときに会って、楽しめるときは目いっぱい楽しむ。

趣味が増えたり、興味の対象が変わったりするのがきっかけで、ぱたりと連絡が途絶える場合もある。

別にお互い気にしない。新しい友だちと、それぞれまた新しい趣味を楽しんでいる。

大人同士の友だちは、そのぐらいつながりが自由な関係性が、いいのではないか。

現在の僕はパソコンや競馬に注いでいた没頭をマルチに振り分け、全部を楽しみ尽くす、多動力型の生活になっている。

こうなると、さらに付き合ってくれる友人は少ない。

パートごとに付き合ってくれる友だちはいるけれど、好きな趣味をフルで共有してくれる人は、ほぼ皆無だ。

いい恋人を見つけるのも、難しくなってしまった。

僕は1日に数本の仕事と数本の移動、数本の飲み会を詰めこんでいるのが普通だ。東京にいるのは月の3分の1程度で、仕事も遊びも垣根なく、日本全国、海外への移動も日常となっている。

毎日がそんなスケジュールで、のんびり寝て過ごす……なんていう日はゼロだ。

スノボやゴルフをやって、WAGYUMAFIAのイベントに参加して、お酒や美味いものが好きで、連日の飛行機が平気で、そのうえ可愛くて頭の回転が速い……という女の子を探しているのだけど、滅多にいない。なので、イメージとは違うかもしれないが、ちゃんとした恋人ができたときは、かなり大事にする方だと思う。一緒に楽しみたいから、いろんなところへ連れ回す。普通の女の子には、ちょっとやり過ぎかなというぐらいのペースだと思うが、相手のリズムには合わせたくない。
恋人がいてもいなくても、多動力型の生活は変わりがないだろう。

好きなように暮らしているうちに、不要になった友人や恋人は去っていき、欲しいタイミングで、面白い出会いがある。
友だちづくりは、相変わらず下手な方だと思うが、多動力をフル活用できていると、寂しさからは解放される。

孤独に悩んでいる人は、きっと性格の問題ではなく、やりたいこと不足なのだと思う。友だちなんかいなくていいよ、というぐらい好きなものにハマれば、自然にいい友人はできるのだ。

プライド

辛く苦しいときに、
どう対処するか。
あえてピエロになる
という選択。

話を戻そう。

クラスメイトとは気が合わなかった小学生時代だが、いじめられていたという記憶はない。

何人かのグループで遊びに行こうというときに、僕がメンバーから外されていることはあったかもしれないけれど、それはどうでもよかった。

もし一緒に行きたければ、僕の方から「なんで誘わないの？」と言う。

行きたくないところだったら誘われなくても全然平気で、行きたいのだったら、堂々と問い合わせする。それだけのことだ。


しばしば「仲間はずれ」は、「いじめ」の構図と同一視される。嫌な思い出がある人も多いと思う。

時代が変わってもそうだ。例えばＳＮＳで、友だちがグループで旅行に行っている写真をあげているのを見て、私は呼ばれてない……と悲しくなることがある。

僕も、何度か経験した。

しかし後で旅行に行っていた友だちに聞くと、「そうだ！　たかぽんも呼べばよかった！」と謝られることばかりだった。

結果的に「仲間はずれをした」側としては、「あ、呼ぶの忘れてた！」ぐらいの場合が多い。あるいは、たまたま用意できる車の席数に限りがあったのかもしれない。

呼ばれていないことを悶々《もんもん》と悩んで、自分は必要のない人間なんだ……と、勝手に落ちこんではいけないのだ。

一緒に行きたければ、行きたいと主張する。

行きたくないならスルー。

シンプルに対処すれば、人付き合いは格段に楽になる。

僕の場合は、小学生時代からしゃべりが立ったし、柔道を習っているおかげかどうか、ケンカも弱くはなかった。いじめられるターゲットには、ならなかったのだろう。

一方で、本人の努力ではどうにもならない、いじめの対象になってしまう子もいて、それは端から見ていて可哀相だった。

覚えているのは、ある同級生の男子だ。仮に佐藤君としておく。

佐藤君はもともと皮膚が弱く、性格もちょっと気難しいところがあった。さらに女子っぽい部分もあり、当時の九州の田舎の小学校のような閉鎖的なコミュニティでは、いじめの格好のターゲットだった。

彼は僕が見ていても気の毒なほど、いじめの標的になっていた。

周りから「臭い」と、はやし立てられていた。

実際は変な匂いなんかしないのだけど、彼が教室に現れると、力の強い男子たちは調子に乗って、彼をからかう。

佐藤君はキレて、いじめっ子たちに殴りかかったりするのだけど、逆に返り討ちに遭っていた。

やがて、佐藤君はあんまり教室に入ってこなくなった。休み時間は、校舎の裏山でひとり過ごしていた。

彼は、どんなことを考えていたのだろう。

学校や社会からいじめをなくすのは、至難の業だ。

仮に、僕がターゲットになってしまったとしたら……**道理とかプライドを捨てて、**

道化に走ってみると思う。

周囲を笑わせて、「面白いやつ」という存在になった途端、いじめの対象からコミュニティの人気者に転身した例はいくつか見てきた。

いじめの問題はとてもデリケートで複雑だから、本書ではこれ以上は深く論じない。ともかく僕が言いたいのは、**苦しいときというのは、往々にして「プライドを捨てない」状態を、自ら選んでしまっている場合が多いのだ。**

さまざまな本でしつこく言っているが、プライドを大事にして、いいことは、これっぽっちもない。

一般の人と比べても、僕は数多くの人の成功と失敗、そして復活を間近で見てきたが、プライドでトラブルを解決した人は、皆無と言える。

むしろ解決策はあったのに、捨てられないプライドのせいで、転落から復活できなかった人の方が、数えきれないほどだ。

プライドは所有欲と同じぐらい、人生で最初に捨ててもいいモノだ。

気配り

自身の不変の枠組みを
主張していけば
評価のステージは
必ず上がる。

プライドにとらわれず、言いたいことを言う。

気持ちを曲げないで、伝えるべき相手に直接、伝える。

妥協や空気読みは一切、捨てていい。

「フレームを言う」というか、**自分自身の不変の枠組みを、コミュニティのなかでしっかり提示すること。**それだけで、心労やトラブルは、だいぶ減るはずだ。

フレームの主張ができれば、みんなと気持ちを共有することはできなくても、おおむね人間関係はうまく回っていく。僕も小学校時代、吉田君とはケンカしたけれど結局、仲良くなった。

吉田君と仲良くしていれば、クラスのみんなも、僕をそれなりに特別扱いするようになった。

人間関係を打算して、吉田君と仲良くしたわけではない。

「フレームを言う」ことを丁寧に続けていたら、結果的に、そうなっただけのことだ。

言いたいことを言っていれば、そのときは鬱陶しく思われたり、誤解されるかもしれないが、いずれ評価のステージは、上がっていく。

その点、佐藤君は気の毒だった。彼がきちんと相手にキレていたこと自体は良いと思うが、正しい自己主張はできていなかった。だから、周囲の認識はいじめのターゲットのままでなかなか変わらなかった。

それは彼自身の性格なので、悪いわけではない。ただ、残念ではある。

「フレームを言う」ことの継続は、周囲との折り合いをつくり出していくことだ。

例えば、自分が嫌いな納豆（僕は納豆はいまだに苦手だ）を無理やり食べさせようとする親に対して、「嫌いだから食べたくない」と何度も何度も言い続けることで、やがて親は諦める。

「健康にいいから食べなさい」と言われたら、「納豆と同じぐらいの栄養で、もっと美味しいものがあるよね」と、きちんと伝える。

そうやって厄介な圧力との折り合いをつけていく作業を、自分で繰り返していこう。だんだん人生のストレスが軽減されていくのを感じられるはずだ。

どんな物事も、ひと飛びに変えるのは無理だ。

辛いときに、人はゼロイチ思考になってしまうことが多い。「好きか嫌いか」「敵か味方か」とか、そして、究極的には、「生きるか死ぬか」で、不幸にも自殺を選択したりする。二極化した思考に陥ってしまうのだ。

でも、**変化は、グラデーションで起きていくものだと思う。**

自分の言葉や行動で、快適に過ごせる環境への整備を、少しずつ継続していくしかない。

最初は誰だって、親や先生が正しいことを言っていると信じこむ。

でも、知識を得たり思考を深めていくと、だんだん「こいつはおかしなこと言ってるよね？」と気づいていくものだ。

気づきは、突然天啓が降りるのではなく、グラデーションのトーンで僕たちに訪れる。

本当のことがわかったり、逆に本当の自分を周りにわかってもらうのには、時間がかかる。技術や経験の少ないうちは、なおさらだ。

焦らず、諦めないで、フレームを主張し続けよう。

人間関係のなかで、折り合いをつける努力をこつこつと継続していくと、生きやすくなっていく。

そして、次第に、捨てるべきもの、捨てずに大事にしなくてはダメなものが、わかってくるのだ。


「フレームを言う」とは、つまり「本音で生きる」ことだ。

僕のベストセラーとなった著書のタイトルにもなっている。


サラリーマンで、次のように悩んでいる人は、多いのではないだろうか。

「上司のムチャクチャな部分を指摘できない」

「会議の雰囲気がいつも悪くて、意見が言いづらい。何も言えなくてモヤッとする」

「本音や正論を言うと、人間関係が崩れ、職場に居場所がなくなる」

多かれ少なかれ、言えない本音を抱えながら、仕事をしている。あなた自身にも、あてはまるかもしれない。

よく言えば空気読みに長けた、気配り上手な性格でもあるが……。

断言するが、本音を隠す必要は、一切ない。

気配りなんか、ばっさり捨てて、言いたいことを言っていい。

むしろ、本音を言われて困るのは、上司の方だ。マネジメント能力がないと責任を問われるだろう。

いまの時代、部下から信頼されていない上司ほど、会社で居場所の危うい存在はない。

さらにＳＮＳで、ひどいパワハラの実態が拡散されたら、社会的な制裁を受ける可能性もある。ＳＮＳの情報拡散によって、社会的地位を失った有名企業のエリートや政治家は10人や20人ではないのだ。

本音を言える側の方が、圧倒的に強い。

上司が理不尽であれば、何が理不尽なのかを堂々と指摘しよう。

部下から本音をぶつけられたとき、世間体を気にする上司なら、丁寧に話を聞く姿勢になるだろう。そこで逆上する上司なら、逆にしめたものだ。遠慮なく、取締役やＳＮＳなど、さらに強い味方の力を借りればよい。

小さな会社のサラリーマンで、ワンマン社長に苦しめられているという人でも、はっきり社長にモノを申そう。

解雇されるリスクなんか、ない。

言いたいことを言ったからという理由で解雇など、コンプライアンスの整ったいまの日本の会社では、まず無理だ。

気配りや空気読みで、ストレスが軽減されるのならいい。でもストレスの原因になっているなら、遠慮なく捨てていこう。何も困ったりしない。

ぶつかり合う勇気

人間関係は
グラデーションなのだ。
決してゼロかイチかの
デジタルではない。

気配りを捨てろと言ったが、本当に捨てるべきは「恐れ」だ。

人間関係が気まずくなる恐れ。自分の立場が悪くなる恐れ。会社を辞めさせられる恐れ。いじめられる恐れ。ほとんどの人の行動を制限しているのは、こんな恐怖だと思う。

面と向かって、本音をぶつけるのは勇気がいるかもしれないし、結果を考えて、怖くなるのは、当然だろう。

でも、ずーーっと恐れているだけで、あなたの苦しみや悩みは、消えるのだろうか？

結果を恐れて何も行動せず、ただ苦しみが積み重なっていくだけの生活をこの先、何年も何十年も変わらずに過ごしていく、その覚悟は、あるのだろうか？

恐れを捨てるには、本音で生きるしかないのだ。

多少は人間関係がぎくしゃくするかもしれないが、仕事の結果には何の関係もないだろう。

僕のように、あらゆる方面から誹謗《ひぼう》や中傷がぶつけられる立場ではなく、顔が見える上司たちが相手なのだから、そんなに気に病むことではない。

大事なのは、やるべき仕事をやることだ。

人間関係に配慮して、言いたいことを言わず、空気読みを続けることなど、エネルギーの無駄だ。仕事のパフォーマンスを高めるためにも、恐れを捨て、本音で仕事に向き合ってほしい。

ビジネスで望ましいのは、セミドライな関係だ。

仕事として相手には尽くすが、互いに寄りかからない距離がベストだと思う。仲良くはなったが、特に一生の親友になったわけではない、僕と吉田君の関係に近い。漫画で喩《たと》えれば、『島耕作』的な関係性か。

仕事は、自立した個人が、目的を達成するためにつながって行うものだ。

慣れ合いではなく、目的を達成するために、それぞれの時間とスキルを与え合うことが最重要だ。

情緒でつながったり、できない人を助ける（それで本人のパフォーマンスが劇的に回復するなら別だが）必要は、まったくない。

そうしたベタベタしない、セミドライな関係が、僕にとっては心地がいい。おそらく僕だけじゃなく、ほとんどのサラリーマンも同じはずだ。

ウエットな感情にとらわれ、切り捨てるべきものを切り捨てられず、いらない負荷の重みに喘いでいるのが、多くのサラリーマンの実情だ。

余計なものは、切り捨て、思いきり本音を言おう。

みんな、とかく意見の衝突を避けて、「それもわかります」と同意を示し、仲間意識を共有しようとしたがる。その場はいいかもしれないけれど、後々に面倒くさいしがらみとか情につながりやすいので、警戒すべきだ。

僕はこれまで、数えきれない著名人と対談してきた。

なかには話題がかみ合わなかった人もいる。意見が完全に対立した人もいる。だからといって、相手を嫌いになることはないし、リスペクトが下がったりもしなかった。

人間関係において、**「お互いの価値観が異なっていることがわかる」のは、思考の質を高めるうえで、非常に大事**なのだ。

同意の真綿にくるまれて、気持ちいい時間を過ごしたいだけなら、金を払ってキャバクラやホストクラブに行けばいい。

会社では、せっかくお金をもらって、いろいろな技術を持った人たちと仕事ができる、刺激的な環境を与えられている。意見のぶつかり合い程度のストレスから逃げて、どうするのだと言いたい。

恐れを捨て、価値観の違いを受け入れよう。

きっといまより何倍も、仕事は楽しくなってくる。

議論を続けていくなか、意見が一致しないことは多々ある。そこで「相手は自分を嫌いなんじゃないか？」と不安になる気持ちはわかる。

でも、思いこみだ。

意見が一致しない。それで、いいのだ。

わかり合えないことがわかり合えた、と気づければ充分だ。


閉鎖された環境で仕事していると、勘違いしやすくなってしまうが、**「価値観や意見が同じである」ことは、実は異常なのだ。**

「価値観や意見がバラバラである」ことが普通。それは社会全体の正しい姿でもある。


人間関係は、デジタルの数値で区切られていたりしない。

色彩が混ざり合った、グラデーションで構成されている。

「この点については意見が異なるけれど、別の点では完璧に同意する」

「ビジネスの考え方では相反するが、仲はとてもいい」

そんな関係は、大いにありうる。

また、グラデーションで重なり合っている関係の方が、つながりは広く、柔軟で強いものになるだろう。

全部同じ色の関係など、薄気味悪い。

時間が経つと真っ黒になるか、何らかの些細なきっかけで、まるっきり違う色に塗り替えられてしまいそうだ。

意見が異なる人間を、自分たちの縄張りやコミュニティから、はじき出そうと必死な人がいる。はじき出されないよう、必死に気を配りまくり、意見を言わず黙りこんでいる人もいる。

著名人であっても、ファンにそっぽを向かれないよう、自分に貼られたレッテルから外れた意見を言わないよう、振る舞っている人を僕は見かける。

心の底から、気の毒だと思う。

そんなコミュニティにいて、楽しいのだろうか？

「はじき出してやろう」「はじき出されないようにしよう」と必死な人たちに、何としてでも好かれたいのか？

僕は、まっぴらだ。

一緒にいて楽しくない人たちに好かれようと努力すると、自分を見失ってしまう。

人生において、**自分を捨ててはいけない。絶対に、いけない。**

「はじき出してやろう」としてくる人など、遠慮なく捨ててほしいと思う。


誰かがあなたについてどう思おうが、それは何も問題ではない。相手の側の問題だ。

他人が誰を嫌おうと、何を考えようと、あなたの人生には関わりがないのだ。

それに気づいたら、好かれたくもない人のことなど捨てよう。

「相手が自分をどう思っているのか」「どうしたら意見が合うのか」と、悶々と考えることに人生の時間が奪われるなんて、あまりにももったいない。


人とは、ぶつかり合う勇気を持つべきだ。

「こいつ、やっぱり最悪に相性が悪い」と認識できるなら、それもいい。しかし「根っこは自分と同じじゃないか」みたいな新発見のおかげで、仲良くなるチャンスもある。


いずれにしても、恐れを捨てなければ、現状を変える機会は訪れないのだ。

誰かのせい

自己否定の連続こそが
強いアイデンティティを
育てる。
他人のせいにしても、
あなたの未来は開けない。

本音を述べるのは大事だが、客観的な視点は、捨ててはいけない。

自分のいまの意見は、客観的に見て、おかしくはないだろうか？　ただ独善的で、ダメなところから逃げようとしているだけじゃないのか？　冷静な検証は必要だ。

「言いたいことばかり言って、結局空っぽだ」と周囲に思われてしまったら、なかなか味方はできない。


僕から見て、特に多いと感じるのは、すべてを他人のせいにするタイプだ。

身の回りの都合の悪いことを、他人のせいにして、自分のポジションを高く見せたり、正当化を図ろうとする。

他人のせいにすること。それは自信のなさのあらわれだ。

自覚できないのには、困ったものだ。


少し前にある女性と話した。

彼女は以前、オーストラリアに留学していたという。仲良くなった現地の人、または別の国から来た人たちと話していると、それぞれ自分の母国を、とても誇らしく、自慢げに語るらしい。

彼女は、とても悔しく、惨めな気持ちになるのだとか。

「私たち日本人は、いまの日本を誇らしく感じられません。ぜんぜん好きになれないし、外国に向けて自慢して語れないんです。堀江さん、どうしてなのでしょうか？」


知らねーよ！　という話だ。

彼女は、「誇れるところがない日本を、私の力で変えていきたい！」と、威勢良く述べる。やる気があるのは結構だけど、引っかかるなぁ……と思った。


日本を変えると言うが、彼女の方に正解があると決めこんでいる意識は、おかしい。

まず彼女は、自分のアイデンティティを確立する努力が先だと思う。

そうしないと、いつまでも「ダメな日本にとらわれている可哀想な自分」という、わけのわからないネガティブな思いこみから、脱せないだろう。

僕は珍しくこんな話をした。

あなたは勝手に、日本には自慢できたり、誇れるところがないと決めつけているだけでしょう。

そもそも根拠は何なの？　日本には海外に向けて自慢できるところが、山ほどあると僕は思っているけれど、具体的にどんな部分がダメだと言えるの？

要は、日本が云々じゃなく、あなたは自分に、自信がないんですよ。

自分の弱さとか考えの足りなさを、日本のダメさにすり替えて、自己評価に向き合うことから逃げてるだけでしょ。どんな理想像があるのか知らないけど、「誇れる日本」みたいな、曖昧な正義を押しつけてはいけないよ。


結局、プライドを捨てられない弊害だ。

日本には1億2000万人もの人がいて、その数ぶんの多種多様な価値観、誇りや自慢が存在する。

正義も、それだけの数があるはずだ。自分は正しくて他の人はダメとか、みんなを私の正義へ導いていきたいなど、図々しいにもほどがある。

悪い部分をみんな他人のせいにして、自分を省みない。職場でも仲間内でも、そんな人がやけに目につく。

自信のない人、他人のせいにするクセのある人は、「世間では」とか「日本人は」とか、巨視的な立場の意見を言おうとする。

自分の小ささ、弱さから逃げているだけだ。

絶対に変えられない対象について、ネガティブな意見を言っていれば、ちょっと頭が良く見られるかもしれない。「世界を変えるんだ！」と言っていると、少し格好良く思われるかもしれない。

無意識に、プライドを保つ打算を働かせている。威勢のいいこと言いながら、計算している厚かましさが、ものすごく嫌だ。

どうにもならないプライドキーパーは、すごく多い。

解決しない問題に、自分の弱いアイデンティティを放りこんで、逃げ続けていることに、気づかない。

それでずっと生き通していくなら別にいいけれど、必ず行き詰まるだろう。
あのとき、プライドなんか捨ててしまえばよかった……と、後悔する日がきっと来るはずだ。

自己否定は辛い。辛いけれど、ある一定の否定は己に課していくこと。そうすることで、本当の自信が、強いアイデンティティが、育つのだ。

まず、**「他人のせいにする」クセを、捨ててしまおう。**
他人のせいにして、あなたの思う未来が開かれるならいいが、そんなことは絶対にない。

他人は、何の責任もとってくれないのだ。
だから、どんな苦境も自分のせいにするべきだ。

お金か時間か

時間をショートカットするためには「借金」だって立派な手段。

僕の少年時代の話に戻る。

プログラミングに熱中していた中学時代、自分で移植したゲームのフロッピーディスクを、専門誌に投稿したら、掲載料をもらったことがある。金額は1万円。源泉徴収されて9000円だ。僕の人生最初のプログラミング報酬だった。


プログラミングスキルが上がってくると、さらに性能のいいパソコンが欲しくなる。大事にしていたMSXパソコンは、1年ほどで売ってしまった。

新しく買いたかったのはNEC「PC－88SR」だ。しかし本機は数十万円もする。高額で、とても手が届かなかった。

そこに廉価版の「PC－88FR」が発売された。ダメもとで親に相談してみると、意外にも「いいだろう」という返事だった。

ただし「お前にパソコンを買うお金を貸す。そのお金は、新聞配達のバイトで返しなさい」ということだった。


重労働な割に賃金が見合わない、新聞配達なんかしたくなかった。けれど福岡の田舎の中学生ができるバイトは、残念ながら新聞配達ぐらいしかなかった。

親に金を貸してやると言われてから、僕は毎日こつこつ新聞配達を続けた。

早朝5時に起きて自転車で100軒以上の家を回るのは、ものすごく大変だった。

でも新しいパソコンのために、頑張った。

念願の「PC－88FR」を買って、親には数カ月で借金を返済することができた。


この経験で僕は、**借金は悪いことではない。前向きな借金は、すすんでしてもいい**という考えをつちかった。

時間をショートカットして、欲しいものが得られるなら、借金はOKだ。

初めて会社を興したときも、借金で資金をまかなった。会社を大きくしていく過程でも、ためらわず借金した。

それで全部うまくいったのだ。


お金を返せなかったらどうしよう……大方の人は迷うはずだ。

でも、**やりたいことを先延ばしにする時間の浪費の方が、もったいない。**それは僕の信条となっている。

高性能のパソコンを入手した僕は、さらにプログラミングに熱中した。やがて近所の塾から、システム移植作業のバイトを依頼された。中学生には不相応な、高額なギャラをもらえた。

同じ時期に、モデムという電子機器の存在を知った。さっそく自宅に設置して、福岡市のBBSに接続してみた。1文字ずつ確認できるほど遅いスピードで、パソコンのモニターにテキストが表示されていく。

すげえ！　と、興奮した。

九州の田舎の家のなかにいながら、外の世界の情報が流れこんでくる。モデムを介して僕と世界は、つながったのだ。

それが僕とインターネットとのファーストコンタクトだった。

世界を劇的に変える新しいツールが、僕たちの自由に使えるところへ届きだしている兆しを、中学生なりに感じていた。

「捨てる」こと

寂しさを避けるため
現状維持を選ぶ。
それは絶対に間違っている。
一度「捨てる」と決めたら、
「捨てられる」側は無視する。

高校は久留米大附設高校に進学した。九州でも有数の進学校だ。勉強のできる同級生ばかりだったが、「数学が苦手だから文系に進もう」とか、安直な思考回路のやつが多くて、げんなりした。話していても楽しくない。高校でも友だちと呼べるのは、数人程度だった。

僕は早いうちに、大学進学で東京へ行くと決めた。日本の中心は東京であり、政治も経済も文化も東京を中心に回っている。面白い人は大勢いるだろう。刺激的な仕事も、たくさんあるはずだ。お金を稼げて、美味いものを食べられて、可愛い女の子とも知り合えるに違いない。地元の八女市に留まる選択肢は、最初からなかった。

東京の大学へ行くと決めたものの、私立大の高い学費を、両親が払ってくれる期待は持てなかった。

国立大なら一橋大もあるけれど、九州では知名度は低い。一橋大に行くなら九州大を受験しろと言われるのが、目に見えていた。

両親が納得ずくで学費を出してくれそうな東京の大学は、東京大学しかなかった。

父親と母親に「東大に行くから」と言うと、ふたりとも「わかった」と短く答えたきりだった。息子の進路に興味があったのか、なかったのかはわからない。

ともかく受験の許可は得られた。高校3年になってから猛然と、受験勉強を始めた。

勉強を始めたときの僕の成績は、惨憺《さんたん》たるものだった。学年内での成績は200人中で170番以下。最初の東大模試での判定はFだった。

あらゆる参考書を集め、短期集中の戦略を練りこみ、勉強に全力を傾けた。

僕は寝ないと集中力が保てないので、1日のうち10時間の睡眠時間は確保、そのあとの14時間は誇張なしに1秒残らず、受験勉強に費やした。

3年生の後半の6カ月、14時間勉強の日々を過ごした。

休みの日はなし。寝て起きて、机に向かうだけの毎日を、走り抜いた。

そして僕は、東京大学に見事に合格した。

東大に受かってから、東大の寮に入ると決まった。

春に向けて、上京の段取りが着々と整っていった。

その間に両親と、どんな話をしたのか、覚えていない。

合格を伝えたときも「おめでとう」ぐらいは言われた気がするけれど、何だか冷めたような感じだったと思う。

どんなときも塩対応な両親だった。

僕にしても、東大に受かったんだから、もう少し喜んでくれてもいいのになぁ、とは、まったく思わなかった。

僕は八女市を出られる解放感に、舞い上がっていた。

東京で夢いっぱいの、自由と刺激にあふれる生活を、ワクワクして待っていた。


小学生の頃から、僕はみんなと頭のなかが一緒じゃないと感じていた。

何ともいえない疎外感、周囲との違和感が、心にまとわりついていた。

生まれ育った八女市は嫌いではない。でも、ここに住んで、みんなとの違いを抱えたまま、孤独に押しつぶされてずっと暮らしていくなんて……絶対に無理だった。

大人になってから、ふと思う。

出て行く側の僕は希望にあふれていたからいいけれど、出て行かれる方の本心は、どうだったのだろう？

父親と母親は、息子のひいき目をもってしても、立派な人格者とは言えなかった。虐待されたとか苦しめられたわけではない。ただ、僕からすれば考え方がおかしすぎて、同じ人間とは思えないぐらい、呆《あき》れさせられる場面が多かった。

けれど、真面目に働き、稼いだお金を僕の成長と教育に費やしてくれた。愛情を表現するのは下手な親だった。でも、愛がなかったわけではない。18年間、彼らなりに気持ちを尽くして、僕を育ててくれたのだと思う。

ひとり息子が東京に行ってしまう。家族3人で過ごした時間は終わってしまうのだ。僕は何も寂しくなんかなかったけれど、両親の方も同じだったとは、言えないかもしれない。

上京の準備をしているあるとき、父親が「貴文がそのうち家に戻ってきたら……」

と話をしだした。

はあ？　何言ってんの？　という感じだった。

戻ってくるつもりなど、これっぽっちもなかった。東京に出て行ったら、それっきりだ。**僕は僕の世界で、楽しく生きていくのだ。**

だけど父親は心のどこかで、息子が東京から八女市に帰って来ることを、期待していたのかもしれなかった。

どんな思いで、息子が帰ってくる将来の話をしたのか、いまとなっては確認することはできない。父親なりに、別れの感傷に耐えていたのは、たしかだと思う。

重松清の名作『とんび』で、主人公のヤスさんのひとり息子が早稲田大に受かり、上京する別れの日の直前、手づくりカレーの夕食を父子ふたりで食べるエピソードがある。不器用な親のエールが伝わる、ぐっとくる場面だ。

あんな感じに、どんな親でも、子どもが旅立つときは、寂しさをこらえているものだろう。

その寂しさを引き受けるのは、親の役目だと思う。

逆に言うと**子どもの成長において、「見送る側」の寂しさを耐えるぐらいしか、親にできることはないのだ。**

「見送る側」の役目を果たし、子どもは家族での日々を捨て、新しい暮らしを自分で始める。それが正しい親子の姿だと、僕は思う。

実家の離れには、ずっと祖母が住んでいた。僕が東京に出るとき、もう高齢で90歳ぐらいだった。

離れにずっといるから、あまり祖母とは交流がなかった。でも、僕のことは孫として、ずいぶん可愛い存在だったらしい。

僕は実家の2階に、部屋があった。

学校から帰ってきて、2階の部屋に電気が点いているのを見ると、祖母は「貴文がいる」と、安心したそうだ。

けれど僕が東京に引っ越した後は、2階の電気は、ほとんど点かなくなった。

電気の点いていない、真っ暗な僕の部屋を見るのが、祖母はたまらなく寂しかったようだ。

「貴文はいないんだね……」「寂しいねぇ……」と、よく僕の両親にこぼしていたらしい。

ほどなく、祖母は認知症になってしまった。

責任を感じているわけではない。しょっちゅう会いに帰れば良かったな、と後悔もしていない。

ただシンプルに、僕が何かを「捨てた」後の「見送る側」の寂しさをあらわす出来事として覚えている。

「捨てる」ことに寂しさはついて回る。

寂しさを避けるために、捨てる決断をやめて、現状維持を選ぶ人もいるだろう。

それは絶対に、間違っている。

ノスタルジーな情緒に流されてはダメだ。

「捨てる」と決めたら、捨てられる側の寂しさなんか、無視してもいい。

冷たいのではなく、成長を遂げていくうえでは当然の話だ。

捨てることに踏ん切りをつけられず、現状にとらわれたまま、新しい世界へ飛び出していくことはできない。

まとわりついたものを切り捨て、堂々と「見送られる側」の人生を行こう。

捨てることをやめたって、捨てられる側の寂しさは埋められないのだ。

自らが新しいチャレンジを始める。それでしか、人の寂しさは埋められない。

他人なんか気にせず、決めたことを、好きなようにやっていこう。

僕が上京するときは親とか、お祖母ちゃんのこととか、頭の隅にはあったかもしれない。だけど東京へ行くぜ！　やったー！　という歓喜の方が、はるかに大きかった。

上京して以降、田舎を顧みたことなんて、一度もない。

それで何も問題なかった。

八女市での18年間の家族暮らしを、僕は捨てた。

後悔は、かけらもない。

もしもの話をするのは嫌なのだけど、東大に受からなかったら、どうしたか？　九州大とか地元の大学に行っていただろうか。

いや、どんなことをしても僕は東京へ行っていたはずだ。

親と暮らす時間、地元の八女市での生活、高校までの同級生たちとのつながり……それらのものは、僕にはこれっぽっちも大事ではない、「捨てる」対象だった。その気持ちは揺るがなかったに違いない。

いい年になっても、まだ田舎の家族など古い人間関係に悩んでいる人を見たりすると、心から気の毒だなと思う。

捨てるなら、若いうちがいい。

大学受験はベストなタイミングだった。

COLUMN

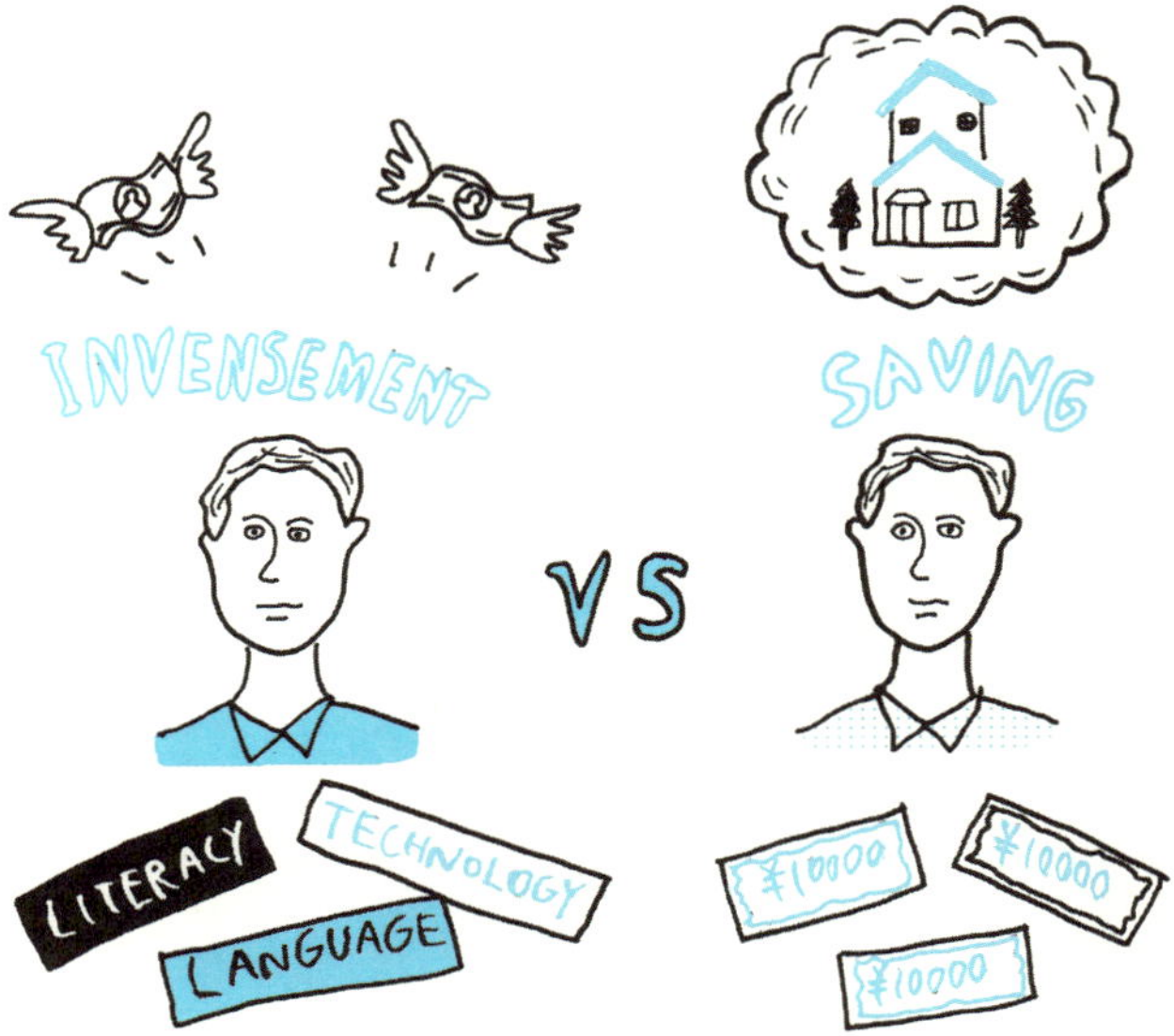

正体不明の不安から逃れるのか。自己投資に向き合うのか。

まず本書におけるベースの考え方を整理しておこう。好例が「貯金」だ。日本人の多くは「いざというときのために備えなさい」と、脅されるように貯金を奨励されてきた。だが、「いざというとき」とは、何だろう？　貯金型思考は、この瞬間にありもしない、「いざ」という正体不明の不安を軽減するための呪縛でしかない。むしろ「いざ」が膨らみ、不安は固定化する。

「貯金がないと不安」という人は多い。自信がないからだ。人生を切り開く、己の能力を信用していない（または磨く努力をしていない）から、財力があればどうにかなるという、お金への残念な妄信に陥ってしまう。もし、たしかな自信を築いていれば、手元のお金は投資に回せるはずだ。毎月3万円をちまちま貯金する人と、毎月3万円を自己投資に充て、能力の伸びしろを自力で育める人、どちらが今後の世界を生き抜けるだろうか？

貯金に磨り減らす時間を先買いするための借金は奨励されるべき。

やりたいことは借金してでもやれ！　と、ずっと主張している。けれどギャンブルや遊興のために使う借金は絶対ダメ。ギャンブルは、胴元がかならず儲かるようにできている。一般庶民は搾取されるのが常で、借金をしてお金を賭けても、長い目で見れば回収は絶対叶わない。借金は、金利を払っても充分に元が取れるような場合にのみ活用すべきだ。自分は起業するとき、知り合いから借金をした。お金を貯めるのを待つより、1秒でも早く始めるべきだと思ったからだ。貯金に浪費する時間を、先買いしたと言える。結果は大正解だった。人生は短く、新しく思いついたビジネスの旬もあっという間だ。

COLUMN

構造を考える思考と数字を眺める能力を身につけるために。

AIの進化により、なくなっていく仕事のひとつにプログラマーが挙げられている。ライブラリの充実やクラウドの発達などから、仕事としては、やがてなくなっていくのかもしれない。しかし、プログラミング的な思考は、非常に役立つと断言する。ITの「仕組み」を皮膚感覚で知っていることは、あらゆる仕事で圧倒的に優位に働くのは言うまでもなく、面倒なルーティンワークを効率化していくクセができるのは大きい。何より構造を考える思考力が鍛えられ、ビジネスには不可欠な予算感や数字を眺める能力が身につく。

得たければ得てもいいけれど、受験の労力はコスパが悪い。

日本の大学はブランドとしての価値しか存在しない。行くなら東大、無理なら受験はやめて、起業するか、遊んで暮らす——。勘違いしないでほしいが、努力を否定するわけではない。ただ、そこに投じる労力と資金は、人生全体で見たときにコスパが悪すぎませんか？　という意見を、一貫して呈している。大学で得られるような知識や経験は、無料で、短時間で、誰でも得られる時代だ。起業は間違いなく社会を学べるし、何より「自分の考えで多く動く（多動力）」ことを習慣化できるメリットもある。

COLUMN

制度のもと安定した仕事を続けられる人生なんて幻想。

戦後間もない時期が発祥とされる終身雇用制度は、働ける若者の絶対数が少なく、景気が急上昇していくなか、人材確保のために企業が取り入れた制度だ。言うまでもなく、いまの時代に沿うシステムではなくて、家族主義的な社風のなか、同じ仕事をずっと定年まで続け、マイホームを買って、悠々年金生活……そんなものは、わかっていると思うが、もはやはかない幻想で「ありえない」と断言しよう。問題は、多くの人々が、まだ幻想を求め、幻想のなかに生きることで安心を得ようとしていること。その思考停止が社畜や会社の奴隷を生み、ブラック企業がのさばる社会を許してしまう。

第 2 章

from
1991 to 2003

東京大学"卒業"と天秤にかけた
初めての事業計画書。
そして仲間、結婚、マイホーム、家族。
自ら「捨てるフォルダ」に
入れていったモノたちについて。

童貞マインド

女子が近くにいても
挙動不審で
まともに話せない。
なぜなら
「傷つきたくない」から。

１９９1年、僕は東京大学に入学した。

最初に住んだのは、東大駒場寮だった。


東大駒場寮に暮らした先輩方が、さまざまな場で述べているように、寮のなかはカオスそのものだった。

外壁にはツタが全面に絡まっていて、窓ガラスが割れているままの部屋が多かった。

入り口は古い立て看板が放置されていて、薄暗い廊下にはいつ捨てられたのか（置いてあるのか？）わからない家具や道具が山積していた。

壁のあちこちに学生たちが描いただろう落書きや謎の絵、戦中に書かれた厳《いか》めしいメッセージも確認できた。

東大の学生の個性を濃密に反映した、東大名物の「史跡」のひとつだった。


東大に入ったら、話の合う仲間ができる！　やりがいのある夢が見つかって最高のキャンパスライフを過ごすんだ！　……僕は無邪気にそう思いこんでいた。

しかし現実は、大きく違っていた。

入学式直後のクラスコンパのときから、「東大にも面白いやつはいない」という事実が、わかってしまった。

同期の新入生を見渡すと、真面目な勉強家タイプばかり。

自分で何かをやり始めようとか、勉強以外に楽しいものを見つけようとか、能動的に動きだす感じのやつが、まったくいない。僕の方から話しかけて、友だちになりたい人は、皆無と言ってよかった。

学校に行っても面白くない……高校時代と、変わりなかった。

大学にはあまり行かず、寮で仲間たちと麻雀にふける日々だった。

もうひとつ肝心な問題があった。女子との付き合いだ。

僕は大学入学まで一度も、彼女ができなかった。

もちろん童貞だった。

「東大に行ったら、可愛い女の子と恋愛する」というのは、八女市を出たときの心に秘めた、目標のひとつでもあった。

単位を取得するための第2外国語は、スペイン語にした。理由は簡単、女子学生率が高いと聞いていたからだ。

18歳の男子の動機としては、まっとうなものだろう。

スペイン語を選択していた女子学生は、たしかに多かった。男女比率は4：6ぐらいだったと思う。

真面目系の女子にまじって、都会的な垢抜けた美少女もけっこういた。正直テンションは上がった。

だが問題は……僕自身にあった。

女子と、まったく会話できなかったのだ。

中学、高校と僕は男子校に通っていた。

校外の女子と付き合っている同級生は、けっこういたけれど、基本的に出会いは少ない。しかも僕は男子ばかりの環境にいるせいで、自然な女子との接し方を、忘れてしまっていたのだ。

謙遜じゃなく、はっきり、モテない方の男子だった。

女子から敬遠されていた感覚はないけれど、そもそも会話していないのだから、モテる以前の話だ。

ブサメンだからと拗《す》ねていたわけではない。6年間に及ぶ男子に囲まれた環境で、異性と親交を深める、**男の自信のようなものが、まったく育っていなかったのだ。**

男子校なんだから仕方ないじゃないか！　環境がいけないんだ！　と、言い訳したい気持ちもあるけれど……モテない現実は変わらない。

これは痛恨だった。

大学内で、たまに女子の方から話しかけられても「田舎者とバカにされたらどうしよう」とか「気持ち悪いと思われたら嫌だ」という恐怖に、身が固まった。

でも女子への興味はあふれている。どう話せば好意を持ってもらえるだろうか？　というか僕みたいなやつに話しかけられたら迷惑じゃないだろうか？　とグルグル考えてしまい、よけい緊張してしまった。

女子の近くにいても、僕は挙動不審で、まともな返事もできない。異性としての自分に、自信がないからだ。

可愛い彼女との大学生活なんて……はるか遠い夢だった。

絶望感というほどでもないけど、その頃の挫折感は、いまでも覚えている。

何とか東京行きは実現させたけど、男子としてのコミュニケーション能力の低さを実感した。青春時代の苦い記憶だ。

ほどなく塾講師のアルバイトで、可愛い女子高生の彼女ができた。以降は、すんなり女子と話せるようになって、それなりに恋愛も経験してきた。

いまならわかるが、18歳の僕は、自信がなかったというのもあるが、「女子に冷たくされて傷つく」ことから、自分を守りたかっただけなのだ。

就職

一流企業勤めか
研究者の道か。
よく考えてみたら
それは
「わざわざ大変な人生」を
選択することだった。

大学にまともに通っていたのは、1年の夏学期くらいまでだった。典型的なガリ勉で、真面目一辺倒の同級生のつまらなさに嫌気が募っていた。彼らはほとんど、大学でこつこつ学んで卒業して、名の通った一流企業に就職する将来を望んでいるらしかった。

バカらしくて、付き合っていられない。

同級生に面と向かって「お前らバカじゃないの?」と言ったら、キョトンとされてしまった。

頑張って**日本で一番レベルの高い大学に入学したのに、就職で他の大学を出た学生と一緒のスタートラインに並ぼうなんて……バカでしかないでしょ?** と思う。彼らには通じないみたいで、呆れるしかなかった。

勉強そのものにも、僕は興味を失っていた。

前にも述べたように、東大には何の憧れもなかった。合格して東京へ行くことだけが目的だった。受験勉強という期間限定のゲームにハマっていたようなもので、合格したらもう、ゲームクリアも同然だ。

さっさと中退しても悔いはなかったのだけど、中退してからやりたいことが、当時はまだなかった。

何となく講義に出て、寮で麻雀して、アルバイトに行く。その繰り返しで、時間を無為に過ごし、「これからどうしようかな……」と悶々としている大学生活だった。

勉強したい欲が、ゼロになっていたわけではなかった。

子どもの頃から、僕は宇宙や自然の仕組みに興味を惹かれていた。受験ハードルの関係で文学部に合格したけれど、根っからの科学好きだったのだ。

3年生になったら、僕は理転しようと考えていた。

希望を出せば、2年生時点での成績次第で、理系の学部に転籍できるという大学内の制度だ。

理転して勉強を続け、企業には就職せず、いずれ科学技術系の研究者になろうかな、というのが当時のぼんやりとした目標だった。

だが寮の先輩だった高見さんによって、翻意することになる。

高見さんは麻雀がめっぽう強く、寮生たちから一目置かれていた人だ。

大変なアニメオタクで独特のキャラだったが、東大のナノテクノロジーの研究室に在籍しており、その世界では国内トップクラスの超優秀な人材だった。

その高見さんが言うのだ。

「研究費が足りなくて、満足な研究ができないんだ」と。

驚いた。

後輩の立場じゃなくても高見さんがどれほど優秀で、社会に役立つ研究をしているのか、よくわかる。その人が研究費で苦労しているなんて、どういうことなんだ？

高見さんに、研究室へ遊びに連れて行ってもらったことがある。

僕はまた驚いた。

置いてあるパソコンは、なんと台湾製のＡｐｐｌｅⅡの海賊版だった。

大学側から出る研究費では、それを買うのが精いっぱいだったらしい。

「日本一の大学の研究室が、これって……マジか⁉」

と、ドン引きしてしまった。

しかも、研究費はおそろしく安いだけでなく、支給額が年次によって変わった。研究者も1年ごとに更新する単年制が敷かれていて、しばしば人員が入れ替わる。高見さんたち研究者は、腰を据えた研究ができないのだった。

高見さんのような優秀な人でさえ、東大にはずっといられず、後に理化学研究所、東北大などを転々とすることになる。身の振り方には成果や技術だけではなく、東大理系の派閥や政治力も、深く関係するらしい。

研究者の暮らしはなんて貧しく、大変な世界なんだ……と、僕は落胆した。

ノーベル賞を受けた山中伸弥教授でさえ、大学の研究者の環境の劣悪さを訴えている。国を背負っているレベルの高度な研究室でも、日々の研究費を得るのにカツカツなのだ。

研究者が、研究に没頭できず、お金の心配をしなくちゃいけないのは、相当なストレスだろう。**研究だけやっていたい人たちが、いい研究を続ける環境を得られない。東大でさえ、そんな環境なのだ。**

将来を賭けるには、ちょっと厳しすぎた。

もしも潤沢な資金で満たされ、優秀な人たちと最先端の研究が続けられる環境が東大にあったら、僕には理転する可能性も残っていただろう。

まあ〝たられば〟の話になんか、何の意味もないのだ。

研究者の道は、捨ててよかった。

後に、世の中には他にも楽しいこと、面白いことが、いくらでもあると知れた。

わざわざ大変な人生を選んでしまうところだった。

しかし、いよいよ勉強する理由がなくなったのには困ってしまった。

大学2年からは僕は駒場寮を出て、同じ寮生だった中谷君とアパート暮らしを始めた。いまで言うシェアハウスだ。

寮から離れたので、麻雀の機会はめっきり減った。

だが僕は生来のギャンブル好きだ。

アルバイト先の先輩に誘われたのをきっかけに、どっぷり新しいギャンブルにハマってしまった。競馬である。

最初の競馬で、一点張りが当たり、2万円の馬券が12万円弱に化けた。なんだ、これは⁉ バイトで稼ぐ1カ月分のお金を、一瞬で得られた。その快感にとりつかれた僕は、以降1年ほど、ほとんどの時間を競馬に費やした。

ハマり癖が悪い方に出たというべきか……最初に誘ってくれた先輩も引いてしまい、みるみる負けがこんで、極貧生活になってしまった。1500円の手持ち金で1カ月を過ごさねばならないときもあった。

大学4年になると、割と本気で「馬券で食っていこう！」と考えていた。学業からは、とっくに離れてしまっていた。生活の中心は、もう完全に競馬。それほど馬券が当たったときの金額のリターンと、得られる快感が大きかったのだ。

しかし、世の中とのつながりが競馬だけになってしまうのは、さすがにまずいと思った。気づいたら成人していた。否が応でも、何か仕事に就かなければいけない。

そんななか、目に入ったのはパソコン関連の仕事だった。

中学時代、プログラムが得意だったのを思い出した。

最初に見つけた会社で仕事しているうち、プログラムの技術を「再起動」させた。

スキルが高まり、もっと高い報酬をくれる別の会社を探した。

そして某ベンチャー企業の子会社に、データ入力業務で採用された。

僕にはＰｏｗｅｒ Ｍａｃが与えられた。当時はとても高額で、貧乏学生にはありがたいツールだった。それ以降、現在まで僕はＭａｃユーザーを通している。

新しい会社では、すぐに通信のサポート業務など、他の仕事を任されるようになった。スキルはすぐに高まっていった。

学生時代は、特にＩＴ業界への道を目指していたわけではない。

その場その場で選択を重ね、やがて何かに導かれるように、僕の行くべき道が開かれていったような感覚だ。

執着

「自分の中の流れ」には
逆らわない。
流れに身を委ねて、
ただ、目の前のことに
集中する。

僕には人生の指針などないのだけれど、大事にしている考え方は、いくつかある。
ひとつは**「水が低きに流れるように、自然に身を任せる」**ことだ。

水は、山から集まって、やがて川となって流れていく。ときには滝もあるし、穏やかに流れていくこともあるだろう。

さらに小さな川は集まり、大河となって、ゆったりと広い海に流れこんでいく。

何者にも、せき止められない。

せき止めようとしても、流れはどこかで必ず生まれ、別の支流から川となる。


例えば、水に飲まれ、滝から落ちそうになってしまったら。

そうならないよう努力はすべきだけれど、滝が間近に迫ったときは、どうしようもないのだ。

「落ちたくない！」などと考えて、もがいても仕方がないと、僕は思う。

「滝から水は落ちるもの。抵抗しても意味はない」と受け入れ、流れに身を任せてしまうのが最良だ。

滝に落ちても、必ず浮上するチャンスはある。

滝の向こうに延びる、また別の大きな流れに飛びこめたと考えればいいのだ。


世間の人たちから見れば、堀江貴文という人間は、流れに逆らって生きているように見えるかもしれない。


しかし僕本人は、逆らっているつもりがないのだ。

ほとんど流れに身を任せている自覚しかない。

ビジネスや遊び、お金も人間関係も、すべては流れのなかで、できている。自分から「こうしたい！」と願いながら取り組んだものは、あまりないのだ。


誤解されてはいけないが、周りに流されるということではない。

意識しているのは、「自分のなかの流れ」であって、他の人の流れとは関係ないのだ。

人は、みんなそれぞれ自分にとっての川を流れている。

僕もまた、僕だけの川のうねりを、流れているのだ。

周りに流されるのではなく、自分の川の流れに逆らわず、自分の運命に逆らわずにただゆっくりと流れていけば、必ず行くべき海へ出られる。

僕の思考の底には、そんな確信がある。


運命とは、宇宙の法則であって、不確定性原理である。

未来は予測できないものの集合体で、できているのだ。

だから、予測などできっこないし、未来予測なんてものは、捨てていい。

というか、そんなもの最初から持っておく必要はないのだ。


未来は、不確定性に満ちている。

逆に言うと、まったく確実ではないから、未来は未来なのだと言える。

予測しようと思っても、土台から無理なのだ。

不幸が起こるかもしれないし、思いがけないラッキーもあるだろう。いちいち一喜一憂していても、仕方がない。

不幸なトラブルも、ラッキーな成果も、ぜんぶ流れのなかのものとして、受け止めないといけない。
人生において、ある程度の軌道修正はできるかもしれないけれど、最終的にたどり着く大きな海は、変わりがないと思う。

起きることは全部が当たり前。行くところは僕たちの意図や願いでは、どうにもできない。それが、流れに身を任せるということなのだ。

力を抜いて、流れに身を任せるだけでいい。
そして目の前のことに、ただひたすらに熱中すること。
すると、人はいつの間にか、自分に合った仕事、人間関係、自分が在るべき場所へと、たどり着けると思う。

僕は20代始めに起業した。以降、同じぐらいのスピードで急成長したベンチャー企業は、日本の近代経済史のなかでも珍しい方だと思う。自慢ではなく、客観的事実として述べている。

もっともっと**金持ちになろうと、前のめりに努力したわけではない。**

繰り返すが、**時代の流れや人との出会い、自分の感情にリアルタイムで素直に従った結果、そうなったに過ぎないのだ。**

流れのなかで、僕が何か自分なりに意識していたとしたら、「執着」をしないことだ。得たモノを何のためらいもなく、捨てていった。だから順調に、転がり続けられたのだと思う。

流れる水のなかを行くとき、持ち物が多かったら、途中で止まるか、ケガをしてしまうのだ。

大学4年のときから、仕事としてＩＴの世界に触れた。

次第にインターネットに、夢中になっていった。

朝から晩まで、時間があればずっとパソコンに向かっていた。

ウェブの世界は、スマートだった。

全世界の情報がひとつの画面に集まる。百科事典や新聞などとは桁が違う、知の集積にアクセスできるだけではない。コミュニケーション、ショッピング、金融などあらゆるシステムと深くつながり、リアルの社会の景色を変えていくのだと思った。

インターネットでの仕事は、処理スピードが速く、ミスしたとしても修正がすぐできる。トライアンドエラーの回数をいくらでも増やせ、そのぶん成功確率を高めていくことができた。しかも少ない人手で仕事が回せる。

インターネットで、理想の未来がやって来る。

僕はそう確信するようになった。

ほどなく、僕はインターネット事業の会社を起こそうと決めた。

起業家としての知識は**「上場って何でしょうか？」というレベル**だった。

最初に会社をつくるときは、書店で『会社のつくり方』という本を一冊買ってきて、具体的な手続きを学んだ。まずハンコをつくって、登記とかいう作業が必要なのか……というような状態だった。

見よう見まねで、ものすごく稚拙な事業計画書をつくった。

稚拙だったけど、書いていく過程で、頭のなかで描いていたビジネスのぼんやりした全体像が、輪郭をもって具体的になっていくようだった。

最初の事業計画書のプリントアウト版は、いまも残っている。

「1996年3月30日　午前4時43分」

記録した時間帯が早朝なのは、仕事で残務処理をしてから帰宅して、そのまま書き上げたのだろう。


事業計画書に書いた社名は「リビング・オン・ザ・エッヂ」(崖っぷちに生きる)。

後に有限会社オン・ザ・エッヂと社名をあらため、社長には僕が就いた。

この会社で、起業家としての僕の人生がスタートした。


会社を立ち上げた時期と前後して、僕は東京大学を中退した。

正確には1997年の2月に、中退という記録になっている。

行くのを完全にやめたら、自動的に「除籍」されたという具合だ。僕に除籍の通知があったのかどうかは、もう覚えていない。

でも、八女市の実家に、教授から報告はあったようだ。

その頃にはもう、僕は実家とは連絡を取り合っていなかった。でも除籍となって、さすがに驚いたのか、父親が電話をかけてきた。

「中退はダメだ。絶対に卒業だけはしろ」

というような話をされた。適当に聞き流し、全面的に無視だった。

地元にいれば鉄拳制裁だったかもしれないけど、遠く離れて住んでいるので、父親の怒りは、まったく届かない。

まあ、**どんな正論を言われようと、僕の人生を生きるのは僕自身なのだ。**

僕が起業してビジネスを始めるのだと決めたら、もうその通りに突き進むのみ。決定事項なので、他人の意見になんか従うわけない。

東京大学卒業という肩書を捨てることに、ためらいはなかった。

いろんなところで述べているのだが、日本社会において東大は卒業してもしなくても、特に差はない。東大に入ったことが、大きな信用とブランドになる。それを僕はもう獲得していた。

東大生ブランドという、実利的に得るべきものは得た。

大学生活で、他に得るべきものは、もうなかった。

やっと見つけた、本気でワクワクできそうなＩＴビジネスを、始めるだけだった。

せっかく4年生まで通ってもったいない……卒業ぐらいしておけばいいのに、と言われる。その**「もったいない」という感覚が、僕には全然、理解できない。**

面白そうなことを始められるチャンスを先送りにして、行きたくもない大学に通い、学びたくもない勉強を修めなくちゃいけない時間の方が、僕には何十倍も、もったいなく感じられる。それはおかしいのだろうか？

大学卒業を大事にして、勉強に励んでいる人を否定するわけではない。僕自身も、

「卒業しなくて良かった」と考えているわけではないのだ。

もし起業という、卒業にかかる手間や時間を捨てるに相応《ふさわ》しい、楽しそうなことが見つかっていなければ、とりあえず卒業には努めていただろう。

あのとき、僕にはやりたいことの「流れ」が、やってきた。

だから別にやりたくもない大学生の暮らしから降りた。降りたというより、面白そうな流れに身を任せた、それだけのことだ。

「卒業しておけばよかったと悔しくなるときがあるよ」と、知人に言われたこともある。アドバイスとしては受け止めるが、起業以降、一度たりとも後悔はなかった。

中退したときは、むしろ、これで学生の身分じゃないから堂々と馬主申請ができる！と大喜びした。

そして数年後の1999年には、馬主になる夢を叶えられた。

人の意見など聞かないものだと、心から思った。

部下とビジネスパートナー

「同志」のような
存在に期待しない。
利害関係と
目的が一致すれば
とりあえず
ビジネスはうまく進む。

オン・ザ・エッヂを立ち上げたときのメンバーは、僕を含めて4人だ。そのなかには僕と同じ東大出身者もいた。大学で知り合ったわけではなく、バイト先で知り合ったので、ビジネスパートナーという認識だった。

みんな年の離れていない、友人同士の関係からのスタートだった。

創業直後から、インターネット関連の需要は多かった。時代はまさに、インターネットの黎明《れいめい》期。制作を受注できる専門的なスキルを持った会社の数は、限られていた。僕たちみたいな小さな会社にも、続々と仕事が舞いこんできた。創業からわずか1年4カ月で、オン・ザ・エッヂは株式会社に改組した。

会社が大きくなっていくにつれて、創業メンバーとの溝が、開いていった。もともと仲良しの間柄で集まったわけではない。多少の意見のズレはあって当然なのだけど、「それは違うんじゃない?」と言い合う場面が増えてきた。

社員が増え、扱う案件のスケールが大きくなり、社外からの人の出入りも激しくなって、それぞれ気持ちに余裕がなくなってきた。

僕は銀座に家を借りていたのだけど、ほとんど帰れずオフィスに泊まる日々が、何カ月も続いていた。外食ばかりで、遊びにも行けない。若さも加わって、イライラが募り、社内で創業メンバーと口論になる……という悪循環に陥っていた。

いろんなことがあって結局、創業メンバーはみんな会社を去った。

創業直後に入社した社員の大量離脱という憂き目にも遭った。

実体験から言うわけではないが、**もし起業を望んでいるとしたら。**

「別れたくない友だちとは、一緒に会社をやらない方がいいんじゃないの？」

と伝えておこう。

仲良しこよしの家族的チームでいたいと願っていても、メンバーが各々年齢を重ね、経験と知識を身につけていくうち、**最初の仲間的な関係は、必ず変化する。必ず、だ。**

そして、お金の問題が加わる。

1万円、2万円ならいいけれど100万、1000万の単位になってくると、その人の本質的な価値観があらわれる。投資会議では、激しい口論になることもありえる。

ぶつかり合っても気にしない、ビジネスライクな関係ならともかく、親友だとか幼なじみのような相手だったら、何倍も気まずくなるだろう。

やがて相手は、会社から去る。すごく複雑な思いを残して。ときには禍根となることもあるだろう。

もちろん、そのリスクを背負ってでも起業する選択はある。

ただ、どんなに仲良しの仲間でも、ビジネスにおいては「いつか切り捨てる」対象になり得るのだ。


よく中小企業では、創業社長が「社員はみんな家族だ」「助け合い、一丸となって頑張っていこう！」とスローガンを掲げている。

それは違うよなぁ……と思う。気持ちが悪いとさえ思う。

社員を束ねるマネジメントとして、そのスローガンが機能しているならば、別にいいだろう。しかし僕の実感には、まったく添わない。

社員を一枚岩にして、会社に求心力を持たせ、擬似家族風の組織を構築する——僕から言わせれば、最悪な経営術だ。

ＩｏＴ、グローバリズム、終身雇用崩壊など、多くの社会変革のなかで、最も耐用できない、弱い組織づくりの方法ではないか。もっとフレキシブルに、各々の意志を明確にした、いい意味での社員の「切り捨て」がさかんに行われるべきだ。

僕は経営者時代、社員に対して、会社に忠誠心や結束力を求めることはなかった。また、同僚と友人になる必要はないとも思っていた。

大事なのは、**会社が働き手それぞれにとって、好きな仕事ができる場として機能しているかどうか。不満がないなら仕事を続けるし、そうでなくなったら辞める。**シンプルでいいのだ。

僕にはビジネスにおいて、共通の目的意識を持った同志のような存在は、いなかった。やりたいことを進めていくのに、利害関係と気持ちの方向性が合致していれば、とりあえず一緒にビジネスする関係は築ける。

同志のような存在は、これからもいないだろう。つくろうとも思っていない。

手がけている事業や今後やりたいことについて、人に話すことはあっても、〝組織として〟共有しようという発想がないからだ。

オン・ザ・エッヂの仕事でも、社員たちと意識共有しようという努力は、一切しなかった。「ついてきたければ勝手についておいで」というスタンスだった。

冷たいとか、ドライだと言われるかもしれない。でも、本当にやりたいことでもないのに、意識の共有に縛られて、人生の時間を拘束してしまうことの方が、僕には冷たいことのように思う。

温情をかけているわけでもないが、「お前はいらない」というときは、きっちりと態度表明する。そして、去ってもらうのも仕方ない。

人の性格や能力に合わせて、自分のやりたいことやプランを説明するのが、すごく嫌なのだ。昔風の表現をするなら、口でいちいち言わないでもわかる勘のいい人とだけ、一緒に働いていたい。

「ついて来ていいけど、邪魔になって協力してくれないなら、どっかへ行って」というのが本音なのだ。

そんな考え方の社長は、間違っているだろうか？

ついていく社員の方としては、面白いときは一緒にいて、離れるときは簡単に離れやすい、ある意味で親切な経営者だと思うのだが……変だろうか？

世の経営者の大部分が、僕のスタイルを踏襲して会社経営するようになれば、サラリーマン社会も楽な方に変わるのに、と真剣に考えている。


僕はビジネスにおいて、社員や同僚にヒントも出さないし、思惑や意図を読み取ってくれとも言わない。改善点を指摘して直るようだったら、しっかり言うが、直りそうもなければ適時、切り捨てる。

これまでの部下のなかで、「こいつはすごい」と感嘆するほど、僕の思いを完璧に読み取り、意識共有を果たせたという人物はいなかった。みんなちょっとずつズレていて、その都度、切り捨てさせてもらった。

というと、誤解を招くと思うのだが、僕は会社経営時代を含め、人をクビにしたことはほとんどない。

「切り捨てる」というのは、同じラインで仕事をしなくなったり、呼ばなくなるだけだ。辞めていったり、僕から離れるのは、向こうの意志にすべて委ねてきた。

人を切り捨てるというより、体よく僕の方が切り捨てられるように、社員の側に任せていたと言っても、いいかもしれない。

僕の意識をみんなで持ち合わせて、共に頑張ろう！　そんなやり方はまったくしないで、オン・ザ・エッヂを経営していた。まったく問題はなかった。

実際に、出て行った社員を上まわる新人が次々に入ってきた。

会社も急成長していった。

合わなくなったら、切り捨てる。

そのやり方で会社が危機に陥っていたら、少しはあらためていたのかもしれない。

でも順風満帆にうまくいっていたので、直す必要はなかった。

人間関係

ステージごとに
人間関係はリセットする。
しがみついているのは、
むしろあなたの方
かもしれない。

子どもの頃から、あまり友だちはいなかった。

ひとりもいなかったわけではないけれど、すすんで友だちを増やしたい方ではなかった。

人と話すのが苦手ではない。でも、コミュニケーション上手とも言えない。おしゃべりは大好きなのだけど、場の空気を読んで、僕の方があれこれ気を回さなくてはいけない相手とは、一緒にいたくはない。

刺激的で面白い会話のできる相手となら、仲良くしたい。コミュニケーション下手だけど、孤独を愛しているわけではないのだ。

実はけっこうな寂しがり屋で、楽しく過ごせる相手はいっぱい欲しいし、ずっと面白い仲間に囲まれていたいと思う。

寂しがり屋なのに、特に友だちはたくさんいらないと考えているのは矛盾じゃないかと指摘されるかもしれないが、そうだろうか？

一緒にいて楽しい人と出会い、つまらないやつとは過ごしたくないと考えているだけだ。

友だちの基準みたいなものが、人にはある。第一は「話が合う」ことだろう。僕もそうだ。

ただ、話が合わないと少しでも感じたら、もう、一瞬で捨てる。関係を維持するための気づかいやコストは一切、払いたくない。

身勝手で冷たいと思われるだろう。

だが僕としては、気をつかったり、つまらないと感じる友だちと、仲良くしている意味は、何なのだろう？　と、不思議になってしまう。

最初から話が合わない相手は問題外として、話が合っていた友だちなのに、だんだん合わなくなって気まずい……という状況は、誰しも経験すると思う。

その場合、僕は、迷わず捨てる。

それまでの過ごした時間とか、築いた友情に思い入れがあるので、できないという理屈も、わからないではない。

けど、ストレスを抱えてまで友だち付き合いする理由には、ならないんじゃないか？
その時間とか友情めいたものは、これから出会える、いまの価値観に合った友だちと築いていけば、いいだけのことではないか？

僕の考え方が一般的ではないことは、わかっている（おかしいとは思ってないが）。けれど、同じ友だちと何年も、長ければ10年以上もずーっと仲良しでいる、というのは、相当稀《まれ》ではないかと思うのだ。
長い付き合いの友だちが何十人もいる、と自慢げに言う人がいたら、僕は要注意だなと思う。同じ価値観に固まって生きていて、思考も知識もバージョンアップしていない可能性が高いからだ。

人付き合いには、刺激の賞味期限みたいなものがある。

仕事や人間関係、触れる情報によって、誰しも人生のステージは変わっていく。
その間に友人や趣味仲間の、刺激の賞味期限はすり減って、話が合わなくなっていくのは、ごく普通の現象だ。

時間が経てば、遊ぶ場所が変わり、食事をする場所も変わり、価値観も大きく変わっていくものだ。

そんなとき、いつまでも変わらない話をして、「あの頃はこうだったなー」と昔話をしてくる友だちは、どんな存在だろう。

心が安まる？　なるほど、懐古心を温めるという意味では、いいところもあるかもしれない。

でも本当は、疎ましいのではないか？

過去の関係にしがみついて、前へ行こうとするのを邪魔する……とまでは言わないけど、「昔から変わらない同じ話」を繰り返す相手が、いまとこれからを前進していこうとする人生に、絶対必要だとは、どうしても思えないのだ。

子どもの頃から、ずっと仲良しの友人がいて、絶対に「捨てない」、一生大切にするんです、という人も多いだろう。それはそれで結構。好きにしたらいい。

ただ僕は、価値観の変わらない、昔話をする友だちは、持ちたくない。

同窓会とかで昔話が楽しい、という感覚は、まあわかる。

僕はほとんど同窓会の類いは行かないけど、「思い出す」ことに一種の快感があるのは、たしかだと思う。でも、そんなもの何年かに1回でいいのでは？　毎年恒例とか、定期的にやる必要はないだろう。


僕はビジネスを始めて、見える世界のステージが、ハイスピードで変わっていった。変わるごとに、出会った友だちや仕事仲間とは話が合わなくなり、「捨てて」きた。思い切りがいいのではない。

どこか自分に課していた部分もあっただろう。

「次のステージでうまくいかなくなったときに、以前のような交友関係に戻れる」という保険を、かけたくなかった。


仕事で成功していくにつれて、人間関係のリセットを繰り返し、新しい刺激的な友だちをつくっていく。それが僕のスタイルだ。

人間関係をリセットすることは、痛みをともなうこともある。オン・ザ・エッヂの創業メンバーが去ったときは、気持ちの上では完全に整理できていたけれど、心の奥の方では多少の痛みを感じたものだ。

「捨てる」痛みは、ゼロにはできない。
しかし、痛みを感じないくらい忙しく、やりたいことに熱中していればいい。

痛みがあるというのは、ヒマな証拠なのだ。

友だちをリセット――。私にはできないという人もいるかもしれないが、そんなことはない。むしろ、いま大事にしている友だちや仕事仲間に、何かが縛られていないか？　見つめ直してみるといいと思う。

もしくは「捨てられたくない」と、必死にしがみついているのは、あなたの方なのかもしれない。

体験

モノは盗まれるし
朽ちていく。
でも、体験は尽きない。
誰からも
奪われたりしない。

会社の経営が成功していくなか、人間関係だけでなく、モノへの執着も切り捨てられるようになった。

中谷君とのシェアハウス時代は、普通の若者並みにマンガやゲームなどを、たくさん持っていた。引っ越すたびに捨てていったが、やはり若いので、何やかんやと娯楽品は買い集めてしまっていた。

けっこう頻繁に買い続けていたのは、バイクだ。

東京に出て最初に買ったのは、ヤマハのＦＺＲ２５０。塾講師のアルバイトで貯めたお金で買った。たしか50万～60万円だったと思う。

そのときは、初めてのバイクを買えて、めちゃくちゃ嬉しかった。

だが、１カ月ほどで盗難に遭ってしまったのだ。

東大の駐車場に停めていた。ある日、帰ろうと思ったら、バイクはきれいに姿を消していた。

すごいショックだった……その後、１週間ほどしたら近所で見つかった。盗まれたのにラッキー！　と思ってしまった。

けれどカウルとかのパーツがなくなっていて、どこのバカの仕業か知らないが、本当にムカついたし、がっかりした。


その後、バイト代でまた新しいバイクを買った。

バイクは好きだった。出かけたり、バイトへ行くのに便利で、知り合いとツーリングに行くのが、楽しかったのだ。

2台目はヤマハのGSX‐R400だった。

オールシルバーの車体で、すごく格好良かった。世代的に僕は、しげの秀一さんのマンガ『バリバリ伝説』のど真ん中だった。たぶん子どもの頃から、心のどこかにバイク乗りへの憧れがあったのだろう。


その後、大学3年のときに車を初めて買った。三菱のランサーだ。

先輩が自動車メーカーに勤めていた関係で、中古車を譲ってもらえたのだ。

「タダはしゃくだから少し払え」と言われて、1000円渡した。

車検はあと1年で切れるらしかったが、破格には違いなかった。買った車は、バンパーがひしゃげていた。自分でスクラップ工場などを探しまくって、交換しなくてはいけなかった。いまならメルカリとかでパーツは簡単に手に入るだろうけど、当時はちょっとした改造も、なかなか面倒くさかった。

1年ぐらい乗って、次はホンダのプレリュードを買った。

いまでは信じられないが、僕はバイクと自動車を所有して、毎日のように乗り回していたのだ。

やがて起業して、仕事が忙しくなるにつれて、ドライブに行く時間はなくなった。バイクも車も埃をかぶる状態になった。

そのうちバイクは駐車場で誰かに盗まれてしまい、車も売り払った。

大学時代から起業直後ぐらいまで、割と普通の若者のように、バイクと自動車を買い続けていたことになる。この本を書くまで、そんなことは忘れていた。

とりあえず趣味という意味では、他の人と同じような経験をしているということだ。

起業で収入がぐんぐん上昇して、欲しいものは買えるようになった。

洋服もＡＶ機器もデジタル家電も、欲しいだけ買いまくった。

大学生と変わらない若者が欲しいものの値段なんて大したことはないが、物欲に関しては、もうだいぶ早い段階で満たされてしまった。

不思議なもので、**年収1000万円を超えたあたりから、本当に物欲が消えていった。**すーっと音を立てていくように、「別に欲しいモノはないなぁ……」と思うようになった。

欲しいモノがあるから稼ぐ！　というモチベーションの人は、けっこういると思う。それはそれで、わからないでもない。

しかし僕の場合は、モノがモチベーションにはなったことは一度もない。ひたすら面白いこと、好きなことに熱中している結果、そのとき欲しいと思ったモノを買える経済力が身についた、という感じだ。

20代前半で人並みの物欲というものは、すべて満たしきってしまったのだろう。幸せといえば、幸せな立場かもしれない。

もともと性格的に、物欲が強い方ではなかったのも、よかったと思う。

モノを残すより、体験がしたかった。

面白く刺激的で、気持ちのいいものに、お金を投じたいと思った。

誰も行ったことのない場所を旅して、誰も見たことのない景色を見て、最高に美味いものを食べ、美味い酒を飲み、面白い人たちと朝まで語り、笑い合う……その体験にこそ、僕はお金を消費しようと考えていた。


モノは、いつか尽き、朽ちていく。

でも体験は、尽きない。

多少色あせることはあっても、誰からも奪われたりしないものだ。


モノを捨てて、体験を重ねる。体験に、お金を惜しみなく投じる。

ビジネスで成功への道を駆け上がりだし、何でも買えるようになってきた頃から、そのように変わっていったというわけではないだろう。

僕はもともと、モノより体験重視の性分だったのだ。

早くに物欲から解かれ、先輩などから「お前は本当に人の心を持っていないな」と言われたことがある。そうですか？　と思ったけど、多くの人は物欲にとらわれているのが当たり前なのだろう。

続けて「シヴァ神みたいだ」とも言われた。

最初のヨガ行者としても描かれるシヴァ。他人からは行者のように物欲皆無な存在に見えたらしい。おおげさだ。

モノはなくても困らないし、ない方がいろいろ楽しく便利ですよ、と思っているだけなのだ。

多少なりともモノに執着する性格だったら、東大卒業にこだわっていただろうし、僕のもとから去っていくビジネスの仲間たちを引き留めたと思う。

でも、そうすると、いまの僕の人生は、ないに違いない。

愛着

根拠のない「愛」とか、
ましてや
「縁起」とか（笑）。
全部捨てて
何が悪いのか？

2000年4月、オン・ザ・エッヂは東証マザーズに上場した。

はた目には上り調子に見えたと思う。だが実情は、けっこう大変だった。

上場初日に初値はつかないまま、公募価格を25％下回る450万円の売り気配で引ける結果となってしまった。東証でのセレモニーも、兜倶楽部での記者会見も、何だか寒い空気だった覚えがある。

加えて、事後の株式トラブルや、経営者としての借金問題に悩まされた。

僕個人のお金はあったかもしれないけれど、会社の全責任を引き受けている以上、あるとき突然、一文無しになってしまうリスクからは逃れられなかった。

仕事も会社も失うかもしれないトラブルが、次々に襲ってきた。

大変すぎて、実は詳しく当時のことを記憶していないのだが……。

とにかく、はっきり覚えているのは——僕は挫けなかった。

「オン・ザ・エッヂを世界一大きな会社にするんだ！」と決心した。

世界の主要拠点への子会社進出や、多角的なM＆Aの戦略を繰り出し、経営者として国内外を飛び回った。

働きに、働いた。いくつものビッグディールを経て、痛い思いも繰り返し、経験値を重ねた。

次第に経営は堅調な方向へ舵を切り、会社の規模はいっそう大きくなった。

２００２年にオン・ザ・エッヂが買収していたプロバイダーの倒産会社を使い、ブランドイメージの確立に臨んだ。

そして２００４年、社名をライブドアに変更した。

「社名を捨てるなんて！」とか「倒産した会社の名前を使うのは縁起が良くない」など、社内外でさんざん言われた。僕は全然、意に介さなかった。というより、何が悪いの？　と思っていた。

当時、市場ではオン・ザ・エッヂ（そのときは「エッヂ」だ）よりも、はるかにライブドアの方が知名度は高かったのだ。

新興のベンチャー企業にとって、知名度は是が非でも欲しい。**愛着とか縁起とか、わけのわからない情緒的な反対で、知名度を得るチャンスを手放すバカが、どこにいるんだろう？**　と思った。

企業名なんて所詮は、芸能人の名前と一緒だ。

知られているかどうかが問題なのであって、いわばハッタリ勝負。

実利は愛着などではなく、知名度にあるのだ。


せっかく大きくしてきた自分の会社の名前を、あっさり「捨てた」。

そういうところが普通の経営者らしくない、と評される。

他の経営者のことはよく知らないけど、たぶん「自分の意志でつけたネーミング」にこだわりたい、できればそれで成功し続けたいと、みんなは思うのだろう。


僕には、理解できない。

欲しいモノは、何なの？

自分の愛着あるネーミングが、多くの人に愛されることが望むもの？

だというなら社名を捨てたくない理屈はわかるけど、そうじゃないなら、何がいけないのか、全然わからない。

僕は、経営を通して、やりたいことが明確だった。
まずは世界一の会社にする。
できるだけ早く、誰にも邪魔されないで、成し遂げる。
そのために知名度は、真っ先に得ておきたい大事なカードだった。
愛着とか縁起とか、どうでもよかった。

欲しいモノがはっきりしていれば、捨てるべきモノも、はっきりするのだ。

僕の選択は間違っていなかった。
ライブドアがスタートして以降の快進撃は、詳しく記すまでもないだろう。

他人への期待

「俺が育てた」
ことなんてない。
成功する人は
ひとりで、
勝手に成功していく。

ライブドアは好調に業績を伸ばし、多くの買収を繰り返した。

やがて六本木ヒルズ38階のオフィスを借りた。床面積は1000坪余り。家賃は月3000万ほどで、おそらく当時の国内最高クラスの賃料だった。

贅沢に思われるかもしれないが、買収した会社や各地に散っていた部門を集約したぶん経費の節約にもなり、当時の業績からみれば高い賃料ではなかった。何より六本木ヒルズで働くということで、社員のやる気が高まったのは、良い効果だった。

当時の社員は数十人。基本的に僕が面接して、採用した人ばかりだった。

一時期、採用を部下に任せてしまったら、急にうまくいかなくなって、すぐに社長面接を復活させた。どんなに面倒でも採用は社長自らやるべきだと思う。

前にも述べたように、僕は自分の方から、社員に「お前はクビだ」と告げたことはない。

辞めていく人は少なくなかったが、すべて本人の意志だ。

後にライブドア事件が起き、「元ライブドアの社員」という経歴が、マイナスとなったこともあるだろう。僕自身の評判も、一時期は本当にひどいものだった。

だけど**元ライブドアの社員で、僕のことを悪く言っている人の話は、あまり聞いたことがない。**

複雑な思いは多少あるけれど、「ライブドア時代はすごく楽しかった」「あの会社で仕事できたことは、感謝しています」と言ってくれることが圧倒的に多い。

僕のスピード感と一緒に、仕事をこなしていくと、常に考えさせられ、行動力を磨かれるはず。他では得られない成長を、実感できたのだろう。

おおむね感謝はされていると思う。たまに悪く言う人もいるが、それは僕と直接仕事をしたことがない人だ。

社員たちへの心のマネジメントが上手だったと、自慢したいわけではない。

僕はナチュラルに「勝手について来たければどうぞ」「つまんなくなったら、いつでもいなくなっていい」というスタンスで、接していただけだ。

世間の常識では、それでは恨みを買うことになると言われる。

結果は、どうだろう？

少なくとも僕は経営者時代に雇っていた社員から、恨みをぶつけられたことがない。

部下や同僚から恨みを買いまくっている人は、自分のやり方を省みるといい。きっと部下や同僚に対して、情緒とか期待とか功名心とか、いろんなものを捨てるのが、下手だったのだ。

すべてがそうだとは言わないが、**相手との関係を気にしすぎたり、自分の得た地位や権力に執着しすぎると、人から恨まれる原因になる。**

ビジネスはひとりではできない。

しかし、つながりを価値化しすぎて、捨てることを恐れていたらいけない。いらなくなったり、気持ちが離れた相手は、切り捨てよう。

あえて「捨てる」と告げる必要はないけれど「来る者拒まず、去る者追わず」の精神で接するのが最良だ。

一方、こんな例もある。

元オン・ザ・エッヂでバイトしていたS君という人が、ブログで会社での過去のことを書いていたそうだ。

ある年の、全員参加の忘年会の話だ。

僕が突然、社員に向かって**「1年に1回ぐらいみんなを褒めよう！」**と言いだした。

そんなことは滅多にないので、みんな驚いたそうだ。

僕は、社員ひとりずつを指さし、仕事で出した成果を褒めていった。褒められた社員は、とても嬉しそうだったという。

そしてS君の番になった。何を褒めてもらえるか、ワクワクしていたら――。僕は**「S君は……特になかったね」**と、言い捨てたそうだ。

S君は、心底がっかりしてしまったそうだ。

だがS君は僕を、恨んだりしなかった。

いつか、褒めてもらえるようになろうと奮起したみたいだ。

S君はオン・ザ・エッヂを離れ、単身ニューヨークに渡った。現地でIT事業に関わり、いまでは日本人有数のUI／UXデザイナーに成長した。

あのとき堀江さんに褒めてもらえなかった悔しさが、ここまで来られた原動力になっています、とブログにつづっていた。

で、いい話なのかもしれないが、残念だけど、僕はまったく記憶していない。

正直、S君の存在も記憶が曖昧だ。「1年に1回ぐらいみんなを褒めよう！」なんて、僕が言いだしたという事実に、驚いているほどだ。

後にS君が成功したのは、とても喜ばしいと思う。

だが、**僕の手柄ではないし、誇らしいとも思っていない。S君が努力した。それだけのことだ。**

経営者時代に限らず、僕は昔の出来事を、ほとんど記憶していない。

言ったセリフや、みんなが覚えているようなエピソードは、他人から教えられてばかりだ。体感的に僕が正確に記憶しているのは、全体の5％未満じゃないか。

S君のように、堀江さんに育てられました系の話をしてくれる元関係者は、けっこういる。いるのだけど、エピソードを話されても、まず思い出せない。僕のおかげだと言われても、そうですか……と、受け流す程度だ。

あいつは俺が育てた！　みたいな自慢をするおじさんは、多いと思う。

あれは格好悪いよね。

それこそ、過去の関係を捨てられていない証拠だと思う。


頑張ってうまくいく人は、誰が上司だろうと、必ず頑張るのだ。

僕なんかいなくてもきっとS君は、活躍していただろう。

まあ感謝されるのは悪くないので、とりあえず受け取っておくけど、恩に着るとかは一切しないでいい。


他人の言葉をバネに、行動して、自分で道を切り開く。

僕はたまたまそういう若い人材を、採用していたということだ。

過度な自己評価

自己評価は
あえて低く設定する。
それがアウェイに
挑戦するための
原動力になってくれる。

仕事をするようになり、だいぶ早いうちに女の子へのコンプレックスは減っていた。初めての彼女以降、可愛い女の子と出会う機会が、ぐっと増えた。

経済力も知識も経験値も高まって、世間で言う、モテる側の男になれたと思う。

いろんな業界の美女が集まる合コンで盛り上がった。モデル並みの美女とも付き合えた。八女市時代に悶々としていた、可愛い女の子と知り合って遊びまくる夢を、ひとまず叶えることはできた。

たくさん女の子と出会い、あらためて思った。

モテるかモテないかは、自信と経験値が左右する。というより自信と経験値しかないと言ってもいい。もちろん、ものすごいイケメンを除く。

容姿とか経済力は、正直そんなに関係ないと、多くの恋愛を経て学んだ。

思えば**僕は、自己評価が圧倒的に低いところからスタートした。**

女子と交流しなかった6年間、女子とまともに話せなかった大学初期……暗黒期が重圧となって、僕の異性に対する自信は、ゼロ以下だった。モテの評価は、同年代の男子のなかでも最低クラスだっただろう。

最初の彼女ができて以降は、女子と話せないような状態からは脱した。

気に入った女の子にも、自分の方からグイグイ行くことができるようになった。

もちろん、好きになった女の子がみんな振り向いてくれるわけではない。一生懸命、接近しようとしたのに、避けられたこともある。

僕はいつまでも、非リア充野郎だな……と自分を蔑んでいた。


しかし、たくさんアタックをかけて、成功体験をぽつぽつと重ねていくうち、そんなに非リア充でもないな？　と思えるようになってきた。

周りを見渡すと、僕の何倍もモテず、女の子に対して悶々としたまま、歳だけ取っていく男がたくさんいた。そこと比べても仕方ないのだけど、僕はまあまあ恵まれているというか、大丈夫な方じゃないの？　と、自信がついてきた。

前にも述べたように、**変化はグラデーションだ。**

ひとっ飛びに、自信がつくなんていうことはない。

たくさんのアタックと失敗を繰り返していくうちに、ちょっとずつ、自信という名の耐性がついていて、モテる体質に変わっていったという感覚だ。

以前は「フラれたら傷つく」自分を恐れて、キモいと言われるのを避けていた。要は、プライドが邪魔していたのだ。

プライドなんか完全に捨てた。

そうすると、次々に好みのタイプの女の子と知り合える好循環が始まるのだから、不思議なものだ。

異性に対する、男子としての自信はついた。

しかし自己評価は、低いままだった。

大学時代よりは、そこそこ高くなったとは思うけど、「俺ってすごいな！」と自賛できるほどの点数を、自分にあげることはできない。

40代後半になった、いまもだ。

おそらく今後も自己評価が劇的に上がることは、ないだろう。

僕の知り合いたちには、モテに関しては超のつくモテエリートが大勢いる。彼らのようになりたいというわけではないが、単純に比較評価のなかで自分は、まだまだだなと認識せざるをえない環境にいる。

自信はつくけど、いつまでも満足はしない環境だ。

そこで揉まれていれば、あらゆるチャレンジを楽しめる。

これは恋愛に限った話ではない。

ビジネスや遊び、人生そのものに重ねて言える。

自信は捨てるものではないが、過度な自己評価は捨てていい。

低い設定の自己評価は、アウェイでチャレンジし続ける原動力になる。

どれだけ成功しようと、年齢がいくつになっても、アウェイにチャレンジできなくなると、人は老いて退化していくと思う。

僕がすすんでドラマ出演したり、R－1ぐらんぷりに出場したり、ミュージカルをプロデュースするなど、やったことのないジャンルにチャレンジを重ねていくのは、アウェイに居たいからだ。

ＷＡＧＹＵＭＡＦＩＡのコラボレーションプロジェクトでは海外を飛び回り、通訳を使わず、向こうの現地のシェフと英語でコミュニケーションしている。

英語に関してはアウェイなのだけど、いい仕事をするために積極的に話していると、スキルが自然と磨かれる。シェフと仲良くなり、いいレストランや、食材を得られるマーケットの情報を、英語で交換できるようになるのだ。

アウェイで必死に努力すれば必ず、新しい獲得がある。ビジネスのアイデアも生まれる。

多くの人は、安定した、傷つかない場所に居続けようと願うものだが、そんな場所は、どこにもない。

安全なところでも必ず、やがては時流や人の出入りが関わり、さまざまなリスクが生じるだろう。

これから生きていくのに大切なのは、アウェイに揉まれて得た経験値だ。

逆に言うと、**アウェイのなかにこそ、長い安定を過ごせるヒントがある。**

失敗を承知で大胆に飛びこむ〝素人革命〟にこそ、自分の殻を破る機会が存在するのだ。殻を破らなければ、自信なんかつくわけがない。

自己評価なんか捨てて、厚かましく、アウェイに飛びこもう！

そして、僕の経験した人生最大のアウェイと言えば……「結婚」だったと言える。

妻、家、子どもと、男にとって最も束縛の強いものを持っていた時代があるのだ。

結婚

ひとりきりは寂しかった。
でも、自分で
「捨てる」と決めたから
後悔はしない。

僕は1999年に一度、結婚している。

仕事がめちゃくちゃに忙しく、多くのトラブルを抱えすぎて、精神的にやや不安定に陥っていた。そんなとき当時付き合っていた女性が、うっかり妊娠してしまった。

結婚すれば少しは気持ちが安定するかもしれない、と淡い期待を持って、結婚した。

子どもも生まれるので、同時に都内に家も買った。

しかし……結婚生活は、安定にはほど遠かった。


妻からは週末は子育てにフルで関わるようにプレッシャーをかけられた。どうしても外せない案件で週末に出かけようものなら、すごい勢いで非難された。

夫の家事分担は、当然すぎるほど当然の役割だと思う。僕も基本的には賛成だが、
2000年前後の僕の状況は、特殊すぎた。

ネットバブルの勢いも相まって事業は急拡大。海外展開や多数の事業をさばくのに、1分1秒を惜しんで駆け回っていた。その辺の中小企業の資産価値の数十社ぶんに匹敵する、巨額のお金を毎日のように取り扱い、緊張の糸は常時、張りつめていた。

せめて家に帰ったときぐらいは、ぐったり寝ていたいのに……妻にはそんな僕が

「怠慢」とか「責任逃れ」に見えていたのだ。

できちゃった婚に近いので、お互いの性格とか価値観をよく吟味せず、僕たちは一緒になった。そのせいで、結婚してからぶつかったり、後味の悪いケンカを繰り返すことが多かった。

彼女は「学資保険に入ってほしい」という派だった。

まったく意味がわからない。

他の著書などでさんざん述べているように、保険は無意味だと、どんなに説明しても聞き入れてくれなかった。

また彼女は「あなたの通帳を預かった方がいいと思うの」と言った。それもバカげている。

当時、僕が取り扱っているお金の額は、妻のような普通の若い女の子が扱えるような金額ではなかった。通帳の預金額は、数十万円ぐらいだと思っていたのだろうか？無理に決まっているでしょと言うと、「家族を信用できないの⁉」とキレられた。

一事が万事そんな具合で、まともに話し合いができなかった。

僕たちがもう少し大人で、相手を慮《おもんぱか》る余裕があれば、冷静に話し合えたのかもしれない。

だけど僕たちはまだ、20代半ばだった。若すぎるといえば若すぎた。

仕事から家に帰るのが、本当に苦痛になった。

ずっと体調がすぐれず、家への道を歩くたび、はぁ～とため息をついていたのを覚えている。


仕事では、魅力的な人と出会う機会が多かった。

夜の会席の場で、話の合う、頭のいい美女ともたくさん知り合った。たびたび、いい雰囲気になったのだが……連れて帰ったりできなかった。帰り際、女の子を寂しく見送るしかない。

妻帯者なので、当然といえば当然だ。けれど、結婚していたら、なんで自由に恋愛できないんだろう？　と、疑問に思ってしまった。

妻は、僕の浮気は許さないけど、風俗で遊んでくるのは許してくれていた。「したくなったら、外でお金を払ってやってきて」というスタンスだった。

バレなければ浮気してもいいということかもしれない。周りには、奥さんに気づかれず（気づかれているのかもしれないが）、うまいこと愛人とたくさん遊んでいる経営者もいた。

でも僕は、そういうのは面倒くさい。

好きな人に対して一途とも言えるが、**浮気がバレないように、身の回りや言動をケアする手間をかけるのが、すごく嫌なのだ。それこそ無駄な時間を取られてしまう。**


話は飛ぶが、現在、僕はホテル暮らしをしている。

仲良くなった女の子を部屋に招くのだが、彼女たちは「石けんが減っている」「クッキーの数が少ない」など、目ざといところに気づく。鬱陶しいな……と思う。

恋人の示す〝差分〟に敏感というか、総じて恋愛では女の子の方が神経質だ。

言い訳してなだめたり、あれこれご機嫌をとるのは、とても重労働だ。

浮気なんか、するもんじゃない。

元妻の浮気観というか、女遊びに対する態度は、寛容といえば寛容だったのかもしれないが、「だったら、そもそも夫婦でいなくてもよくない？」という思いだった。

結局、結婚生活は2年ほどしか保たなかった。

延期していた結婚式を、軽井沢で挙げた3カ月後に、僕たちは離婚した。

できたばかりの家族を、僕は「捨てた」。
人生最初で、最大に近いぐらい、大きな切り捨てだった。

迷って悩んで、話し合った末の結論だ。

どうしたって「捨てる」ことでしか解決できない、辛い案件だった。

離婚までの手続きは、大変だった。一度は、生涯添い遂げようと決めた人間関係なのだ。同意して、はい終わり、というわけにはいかなかった。

僕の手がけている他のビジネスと同じぐらい、頑張って、頑張り抜いて、やっときれいに別れられたという印象だ。

家も売った。立地も建物も良かったので、買ったときのほぼ同額で売却できた。家に関しては、損はしなかった。

しかし……寂しかった。

自分で「捨てる」と決めた以上、後悔はしなかった。

でも、たまに残されていった家のモノのなかから、子どもの写真が出てきたり、子ども用の三輪車を処分するときなどは、ギュッと胸の奥が締めつけられた。

一度の経験で、あらためて強く思う。

結婚なんてしなくていい。
家族は「捨てるフォルダ」に入れて、問題ない存在だ。

少し専門的な話をしよう。

日本での家族制度の起源を、ご存じだろうか？

18世紀のイギリスで起きた農業革命が、日本に波及した江戸時代に遡る。

テクノロジーの進化による農業革命によって、人口は急速に増えていった。ところが、農地を維持していくためにはメンテナンスが必要だ。田んぼは1年も耕さないと、次の年には収穫できなくなってしまう。だから子孫に引き継いで、維持していかねばならない。

子どもがひとりならいいけれど、何人もできると問題だ。田んぼを分割相続していたら、農地が狭くなってしまう。それではいずれ人々が満たされるだけの収穫が得られなくなるだろう。

食糧供給のために安全な相続は、田んぼを分割せず、一子相伝の方法でなければならない。それが長男至上主義の因習の下地となり、養子縁組システムの確立を進めることになった。

長男は生まれた土地に縛られ、次男次女たちは豊かな家庭に丁稚奉公へ行き、別の家族の一員となる。そうやって、日本社会では長年、長子に土地を相続させ、途絶えないように田んぼを守り続けた。

長子を田んぼに紐付けることで、食糧供給は安定した。

この安定が、みんなが飢え死にしない、日本社会の運営の基礎となる一夫一婦制を、強固にしていったのだ。

長子が結婚できずにあぶれてしまうと、土地の維持ができなくなり、子孫たち、ひいては社会が困ってしまう。それを防ぐための制度として、別れたり資産分割のしづらい、結婚制度が法整備化される運びとなった。

要は、結婚とは「田んぼを守るためのシステム」でしかない。

田んぼ以外に食糧供給の生産分野をたくさん開発した現代人には、まったく無意味なものなのだ。


別に僕は、生涯添い遂げるパートナーの存在を否定しているわけではない。

制度的に一対になる異性と契約して、その一対のなかでしか子どもを持つことが社会倫理的には許されず、正統な相続権がないというのは、もう古すぎでしょ？　と言いたいのだ。

男も女も、結婚せずとも好きな人と恋愛しまくり、たくさん子どもをつくればいい。

女は自由に男を渡り歩き、経済力のある男はたくさん女性を囲って、子どもたちに財産を好きなように分け与えればいいのだ。

子どもが欲しいのは、財産ではない。楽しく過ごしている親の姿であり、自分たちも同じように、楽しく好きなように生きていける未来なのだ。

親から田んぼを受け継がされて、喜ぶ子どもが、どれぐらいいるだろう？　江戸時代にもいたのかどうか、疑わしいものだ。

家族はいてもいい。家族が一番大事！　というならそれでいいと思う。ただ、「捨ててはいけない」「捨てたら悪人だ」という思いこみは、間違っている。それは、江戸時代からの（歴史で考えれば、ごく最近のことだ）単なる洗脳であり、捨てても責められるいわれはないのだ。

家

それは家族のため？
自分のため？
全部、違う。
あなたは刷りこまれて
いるだけだ。

僕は家族と同様、戸籍もいらないと考えている。即刻、廃止してほしいほどだ。戸籍とは、家の概念なのである。

家を法的効力を保ったまま相続させるための、旧時代の制度だ。

大家族が急減して、国内のほとんどの家庭が核家族化したいま、戸籍がどれぐらい有用に働いているのだろうか？

どこに住んでいるか明記するためなら、住民票だけで充分だ。

家制度にとらわれ、不幸になっている人たちのために、**「戸籍なんてなくてもいいんだよ」「あなたの社会的存在を証明する手段は、他にいくらでもあります」**と、僕は言ってあげたい。


「家」そのものもいらない。

思い出せば元の妻は、持ち家願望の強い人だった。

僕はもともと家なんか欲しくなかったのに、購入してしまったのは、妻がやかましく言うのを、やめてほしいだけだった。

哺乳類の生態を見れば、子どもを産んで育てるのは母親の役目というのが原則であり、そのために自らの巣を保つという本能があるのかもしれない。

男女の違いというのかどうか、わからないが、だいたい家に絶対のこだわりがあるのは女性の方が多い印象だ。

このご時世に、数十年の長期ローンを組んで、家を買っている人が、まだけっこういる。信じられない行為だ。

借金自体は否定しない。けれど社会情勢や気候や交通事情が変動を続けるとわかっているのに、立地も基本的な建て組みも変えようがない、不自由な家を契約して、わざわざ長期支払い義務を伴う借金を背負う度胸には、恐れ入るしかない。

しかも持ち家には固定資産税がかかる。ローンの金利もとられる。

定期的に修繕費も必要なうえ、土地の上の建物部分の価値は減価し、地価そのものにも変動リスクがある。無駄な出費を強いられるのは必至だ。

家族が増えたときを考えて部屋をつくっても、長くて20年ほどで、子どもは順番に巣立っていくだろう。

家の持ち主が高齢になれば、転倒防止や生活の快適さを保つため、バリアフリー化も検討しないといけない。

ライフスタイルは必ず変わるのに、借金してまで自由度の極めて低い不動産を所有しようという理由は、何なのだろう？

子どものため？　家族のため？　周囲のプレッシャーに負けて？

いや、**ほとんどの場合「家を買うのが立派な大人」だという刷りこみに、屈したのだと思う。**

そんな刷りこみは、捨てていこう！

家を買うことの最大の問題は、一度買ったら、なかなか動けなくなってしまうことだ。結婚制度の根幹が土地に長男を縛りつけることなので、仕方ない。

家をよほど気に入ったのならいいけれど、割合的には、年数が経つにつれて「いまの家には住みづらい……」「飽きたな」という人の方が、多いはずだ。

いまのように変化の激しい時代においては、住まいを自分の意志で変えられない人生は、少々のリスクとは言えない。

ライフスタイルや経済状態、そのときの住みたい街などの気分次第でフレキシブルに移動できる、賃貸アパートの方が絶対に有利だ。

理想は賃貸契約さえもしないで、リゾートホテルやＡｉｒｂｎｂなど宿泊施設を転々と渡って暮らしていくことだ。

僕はすでに、その生活を実践している。

いまはその生活をするためには、基本的には高級マンションを借りるぐらいの経済力が必要となる。

しかし今後はシェアリングエコノミーが進み、経済力がなくても、移動して快適に暮らす人生が、可能になるだろう。詳しくは後の章で述べたい。

子ども

自立するまで
豊かな生活を守る。
だから18年間、
養育費を
ケチらず遅れず
払い続けた。

家族を捨てて、家も捨てた僕は、大きな寂しさに押しつぶされそうだった。
離婚直後は29歳。血気の勢いも相まって遊びまくった。飲み会で知り合った女の子を持ち帰っては、セックスにふけった。

いっぱい遊んだ。数えきれないほど口説いて、うまくいって、また新しい女の子に近づいた。恋愛するというより、寂しさを晴らす道具のように、女の子を扱っていた時代だった。

われながら、ひどいことをしたなぁ……と苦々しく思い出す。

そのうち寂しさは、克服していった。
克服しなくてはどうにもならない、というのが正直なところだった。
仕事は相変わらず忙しい。真面目に交際する新しい恋人もできた。家族を捨てた寂しさに、いつまでも参っている状態を、現実が許してくれなかった。

元の家族に対して、後ろめたい気持ちはなかった。会いたいとも思わなかった。
別れると決めて、大変な思いをして別れた人たちに、また会いたいと思う方が、僕には理解できない。

離婚直前、養育費など金銭的な話し合いは、書面上でしっかり合意できていた。感情面はともかく、お金の面では相手側を苦しませないよう、頑張って手続きしていた。

やるだけのことはやった。その納得感は、寂しさを克服して前に行くための手助けになったかもしれない。

いまでも「子どもに会いたいと思いませんか？」と聞かれることがある。会いたいという答えを期待されているのはわかるのだけど、まったく思いません。そう本心から、答える。

「愛がないですね……」と言われたりするが、いやいや愛あるでしょ！　と僕は強く言いたい。

養育費は子どもが成人するまで、きっちり払い続けると約束したし、一度たりとも支払いを遅らせたり、ケチったことはない。

父親の役目は「子どもが自立するまで充分な教育を受けられ、金銭的に困らない豊

かな生活を守る」ことだと思っている。自立した後の生活は、子どもが好きなように考えて、やっていけばいい。

その意味においては、僕は直接会わなくとも、充分に愛を注いできたという自負がある。

でも、子どもの方が恩を感じる必要はない。僕は養育費で支援すると決めた。決めたことを守っているだけだ。

僕が子どもの存在を特に気にしていないように、**子どもの方も、僕のことなんか無視でいいのだ。**

離婚して、18年ぐらいになる。間もなく子どもは成人だ。離婚してから顔を合わせたことは一度もないが、養育費は払い続けた。

成人したら、養育費の支払いは終わり。

こんな表現したら叩かれるかもしれないが、やっと〝年季が明ける〟気持ちだ。

親とは、わが子のためには命を落としてもいいと言うらしいが、率直に僕には無理だ。子どもの命が助かるのだったら、私の命はいりませんという親は、少なくともドラマや映画のなかではよく見る。

でも、僕には、できません。それが本心だ。

命がどうのという前に、子どもの命と引き換えにしなくちゃいけない状況に陥るのを、何とかして回避するのが、親の知恵の見せどころなのではないか？　と思ってしまう。

親の無償の愛を、否定しているわけではない。

命と引き換えにしたいほど愛しているというなら、それでいい。

ただ、**愛を注いでいることに酔って、子どもに何らかの気持ちの負荷をかけさせるのは、してはならないこと**だと思う。

僕は僕なりの距離の取り方で、子どもと元の妻に対して、役目を果たしきったと考えている。もう会わなくていい。

離婚した家族への未練など、とっくに捨てた。

というより、向こうがこちらとの関係をまったく望まず、新しい人生を過ごしているのを知っているので、あえて接触する理由はない。

「捨てる」行為は、ときに強い未練となるが、その相手の方は案外こっちのことなんか、忘れているものだ。

捨てたものは、もう自分の人生には、関わりがない。

そう切り替えて、いま大切にしている人たちや、やりたいことに集中して、生きていくしかない。

COLUMN

持ち家は安心感を
軽く上まわるリスクだらけ。

長期のローンに固定資産税の支払い義務、近所に迷惑行為をする人が住む危険性、自然災害、経年劣化、火災、ライフスタイルの変化への対応のしづらさ……もう本当に住宅購入はリスクだらけだ。理想の家と出合い、何の不満もないというなら結構だが、根拠の曖昧な将来の安心感が理由なのであれば、まるで薦められない。何より「拠点の固定化」により、移動や行動、つまり人生における「選択の自由」にリミッターがかかってしまうという点が痛い。持ち家信仰は、いまのように変化の激しい時代には真っ先に捨てるべきだ。

COLUMN

家族の血のつながりを重要視しすぎてはいけない。

ニュースなどで親子間の悲しいトラブルを見ると心が痛む。と、同時に「実の親だから憎みきれない」とか「実の子だから見捨てられない」という意見を聞くと、不思議になる。血のつながりって、そんなに大切だろうか？　親子間の苦しみは、血のつながりを必要以上に重要視する、人間の錯覚に起因していると思う。血はつながらずとも、愛情の豊かな家庭はつくれるのだ。実子にこだわらなくても、身寄りのない子どもを養子として引き受ける方法もある。ネットで養子縁組のマッチングができるようになる未来は遠くないと思う。実子にこだわるあまり、無理な不妊治療が推し進められる流れの方が問題だ。

COLUMN

苦手なことで病むぐらいならば
プロへ外注してしまう。

共働きで、それぞれ仕事を持つ大人同士が、適切な育児時間を確保するのは相当に難しい。逆にどちらかが専業主婦（夫）であっても、その配分についてケンカになったり、ひとりで完璧に育児をこなそうとして心を病むぐらいなら、ベビーシッターに丸投げしちゃえばいい。それで罪悪感なんか感じる必要はなく、子育てに向いてない人（向き不向きがあるのは仕方ないこと）はスパッと諦めて、育児の経験値が高く、子育てが好きなプロにお任せする。外注することで心身のストレスを抱えず、夫婦ともども仕事に邁進することで経済的余裕を得て、その資金を子どもの教育に投じる……これが一番理想だと思うのだが。

COLUMN

それは土地に人々を縛りつけるための制度。

結婚もしなくていい、というより、結婚制度そのものがなくなっていいと考えている。本文でも書いたが、そもそも結婚は、農業が産業の主体だった数世紀も前の時代に、限られた農地を長子相続させ、財産価値の低下を防ぐために効率化した制度だ。要は、人々を土地に縛りつける目的と言える。田畑を耕す人材の確保が難しかった昔ならともかく、現代のようにほとんどの人が農業に従事しない時代に、既存の結婚制度はもうそぐわない。実質的なメリットはなくなったのに、思想とシステムだけ残ってしまった「思考停止のレガシー」だ。

第 3 章

from 2004 to 2013

事件と裁判、収監。
多くのモノを得て、
そしてすべてを捨て去るなかで僕が
こだわり続けたこと。
そして人と人との「信頼」について、
いま一度考えてみる。

後悔

良いこと・悪いことは
表裏一体。
だから過去も未来も
あれこれ「考えない」。

２００４年からの激動の出来事は、語るまでもないだろう。

ライブドアの近鉄バファローズ買収計画からのプロ野球参入の夢、ニッポン放送株大量取得、広島６区からの衆議院議員選挙出馬、そして東京地検によるライブドア家宅捜索……この間、3年も経っていないのだ。


当時は、僕は30代前半の若さで、日本で最も有名な起業家だったと思う。

ほとんど毎日のようにメディアで堀江貴文の名前が取り沙汰された。

あの数年で、ホリエモンの世間のイメージは決まってしまった。

もう過去のことなので、当時について何を聞かれても、いまさらどうでもいい。

あまりに多くのモノを得て、あまりに多くのモノを捨てることになった、常人では経験しがたい特殊な経験だったと言えるかもしれないが、すべて終わった話である。

現在では本当に、「ああ、そんなこともあったね……」ぐらいの気持ちだ。


ライブドア事件が起きて、数年間に及ぶ熾烈《しれつ》な裁判を戦った。抗弁を続けたが、裁判の結果は、誰もが知るところだ。

あの結果については、すべて受け入れている。

法に則った裁判が行われたのだ。僕にとっては意に沿わない結果だったが、判決そのものは仕方ない。あえて蒸し返すつもりもない。

裁判の後、多くの人に、「納得されているのですか？」「検察を恨んでいませんか？」と聞かれた。検察は組織ごとクズだという認識は、そのときも現在も、ずっと変わっていない。

けれど、納得？　恨み？　そんなものは別に、感じてませんと答える。

やれるだけのことをやったのだ。

結果について、どう考えようと、意味はない。

いい結果も考えられれば、嫌な結果も考えられる。可能性の点で見れば、両方ともゼロではない。

いいことを考えるのは、気持ちがいいだろう。でも、良いことの裏には必ず悪いことがある。片方を考えれば、もう片方の可能性も必ず考えなければならなくなる。だったら、そもそも考えても詮ないのだ。

抗弁はしっかり論じた。でも裁判の具体的な進捗は、基本的に弁護士に任せていた。そのために高い報酬を払い、弁護士を雇っていたのだ。

僕自身が努力して、いい結果が得られるのだったら、全力で対策を考えていただろう。例えば何かの試験で、合格したら無罪確定になるとか、そういうものがあれば努力したかもしれない。

しかし、裁判の結果は、僕の努力ではどうにもならないのだ。

どんな判決だろうと、もがかず淡々と受け入れるのみだ。

先にも述べた、流れの理論だ。

落ちて落ちて、下へ流れていくのかもしれないけれど、うまく次の流れに乗れる可能性もある。逆に、もっと下へ引きずりこまれるのかも……どっちにしても、確実な予想はできない。

流れていった跡を「こうしたらよかった」と振り返っても、仕方ない。

それまでの経路は無にできない。流れを遡ることも、無理なのだ。

先のことも、終わったことも、考えないようにする。
これしか正解はないのだ。

裁判という、個人の力ではどうにもならない場を戦い抜いた経験から、ある意味で「考えること」を、きれいに捨てられたのかもしれない。

アイデンティティ

絶対に捨ててはいけないもの。それは「自分が自分であること」だ。

２０１１年４月26日、最高裁判所での上告棄却が決まり、僕は懲役2年6カ月が確定した。初公判から4年半以上に及ぶ、長い闘争の日々だった。

弁護側からは「罪を認めて執行猶予を狙うのが得策だ」と進言された。けれど、僕自身は絶対に、罪を認めなかった。

有罪確定は受け入れる。裁判の結果、そのように判断が確定されたのなら仕方ない。しかし執行猶予を得るために、まったく身に覚えのない悪行や、大きな詐欺行為を意図的に行った……という自覚を「ねつ造」するのだけは、したくなかった。

僕が僕自身に嘘をつき、**肌感覚で「嫌だ！」ということを許してしまったら、激しく後悔する**とわかっていた。

当面の自由な時間を捨てることになったとしても、僕は僕であることを、捨てたくなかったのだ。

捨ててはいけないものが、もしあるとすれば、自分自身だ。

自分自身とは、己の存在意義のようなもの。

生きている意味を支える、心の根幹だ。

自分で捨ててしまわない限り、誰にも奪われない。正真正銘の、不朽の財産だ。

さまざまな苦境に直面して、目先の利益や打算により、自分自身を捨ててしまう誘惑にかられることもあるだろう。

だが、捨ててしまったら、もう取り戻せない。

守り抜いていた、築いてきた、本当に大事なものを失ってしまう。

その欠落は、伐採された樹の切り株のようなものだ。失った痕跡を意識のなかに残したまま、生きていかなければならない。

そんな人生を、僕は送りたくなかった。引き換えに収監されたとしても。

長い裁判で、いろんなものを自ら捨てて、または誰かに捨てさせられた。だけど自分を捨てることだけは、踏みとどまれた。

それだけで、僕はギリギリの勝利を、得られた気持ちだった。

家財一式

収監という「強制断捨離」。
何もない部屋で
感じたのは
すがすがしさだった。

収監までの日々は、いつも通りに過ぎていった。

執筆活動、新しい事業の立ち上げなど、多くの仕事をこなしながら、友人たちとの会食や遊びを楽しんだ。忙しくして、収監という嫌な決定事項を考えないようにする。本当に、いつも通りの暮らしを続けていた。

当時は六本木に自宅を借りていた。収監が決まり、解約しなくてはならなかった。

家を引き払う前に、持ち物の大部分を処分した。

物欲はほとんどないつもりだったが、洋服やマンガや調度品など、小物が、けっこう溜まっていた。意外とモノを捨てられていなかったなぁ……と反省した。

何日かに分けて、友だちや後輩に、ごっそりプレゼントした。

気分的には、お金をもらわないフリマだった。

少し値が張りそうなテレビや楽器、ゴルフセットなんかは、動産執行で検察に差し押さえられていた。和解金はすべて支払い済みだった。それ以外の財産が持って行かれるいわれは全然ないのに……単なる被害者弁護団の嫌がらせだ。

差し押さえに来た動産執行官は、僕の家のなかを見てがっかりしていた。

「ホリエモンの家には、金目のモノが溜めこんである」と決めつけていたのだろう。成金趣味の貴金属とか高価な絵や骨董品がざっくざく、それをマスコミにリークして「ほら悪いやつでしょ！」みたいな印象操作狙い。

しかし、差し押さえてみれば普通の若い会社員の部屋と大差ないモノばかり。差し押さえ品をすべて合計しても、数十万円程度だっただろう。

動産執行官は半ば呆れて言った。「もっと隠してるんじゃないの？」と。だから金目のモノなんてウチにはないって、事前に100万回ぐらい説明したはずだ。ちゃんと調べて来いよ。


収監前の引っ越しで、僕は人生で最初の、おそらく最後にもなりそうな、モノの〝断捨離〟を行った。

ゴルフセットは少し惜しかったが、「出所する頃には新しい型も出ているし、買い直せばいいや」と思って諦めた。

収監準備の必要に迫られてやった作業ではあるが、一斉にモノを捨てられて、結果的にはよかった。

片づけが済んで、ガランとなった部屋に、ぽつりと座った。本当にすっきりした気持ちだった。

六本木のマンションに住んでいたのは、主にセキュリティとプライバシーの保持が理由だった。でも、このときの半強制的な引っ越しがきっかけで、「そもそも家も借りなくていいよね？」という思いを、強くした。

出所後は、家を借りずに暮らそうと決めた。

2011年6月20日、僕はモヒカン狩りにして（どうせ丸刈りにされるし）、東京高等検察庁に出頭した。

普通の暮らしをいったん捨てることになる。

気が重くないといえば嘘だっただろう。けれど、以前よりも高いレベルで、所有欲の縛りから解放された感覚は、どこかすがすがしさもあったりした。

チーム

空中分解した僕の宝。
目指す未来が
失われたことは
心底、悔しいと思った。

失われたものに興味はない。捨てたものにも執着しない。
基本的には、ずっと変わらないのだが……失ったことを、いまでも忘れられないものが、ひとつだけある。

ライブドアを経営していた頃、最大の自慢は、世界屈指の技術者集団をつくりあげたことだった。

時価総額世界上位とか、大企業買収とか、そんなのは二の次だった。

僕はライブドアを創業して以来、何の人脈もないところからネットワークエンジニアやプログラマーを集め、技術を磨いて、プロに育ててきた。

いい人を見つけては熱心に口説き、報酬を払い、技術を高め合って、ベストのチームをつくりあげた。

最終的には「こういうサービスをつくろう！」と僕が言いだせば、3日どころか1日でシステムをつくり、即リリースできる。そんな理想的なパフォーマンスを可能にしていた。**最盛期は世界でも有数のハイスペックな技術者集団だったはずだ。**

創業から10年ほどかけてつくりあげた、大事な大事な、僕の財産だった。

意のままに動いてくれるビジネスの万能集団。あの財産に比べれば、不動産だろうと宝石だろうと、どんな高額のお宝もオモチャみたいなものだ。

その財産が、ライブドアショックをきっかけに、すべて失われた。


捜査の手が入って以降、僕は技術者チームとのアクセスを禁じられた。携帯電話に登録している、みんなの連絡先も消去せざるをえなかった。

やがてチームは空中分解した。

本当に、本当に悔しかった。辛かった。


「過去に失ったもので、いまも忘れられないものは何ですか?」と問われると、僕は少し困惑してしまう。「失って覚えているものなんて、ほぼない」からだ。かつての家族のことも、めったに思い出さない。だから、シンプルに「特にありません」と答える。

だけど、そういう質問を受けて、ふと頭によぎるのは、あの技術者集団だ。

〝たられば〟の話に意味はない。でも、もし彼らが残っていれば、僕たちは世界が驚くようなイノベーションを起こしていたかもしれない。

僕が人生でたったひとつ、失ったことを後悔するものがあるとすれば、それかもしれない。

20代を費やしてつくった本当の財産だった。

技術者チームは「捨てた」わけではない。

やるせない事情で「奪われた」。

こうして書いていると当時の悔しさは少しだけ蘇る。

チームビルドに投じた時間や金が惜しいのではない。

彼らと生み出せたかもしれない昂揚と楽しみ、そして彼らと生み出したかもしれない最適化された未来が、失われたのだ。

その悔しさは、損とか喪失感とか、単純な言葉で言い表せるものではない。

再び10年かけて、同様のクオリティのチームづくりに臨むという選択肢もある。

しかし僕は、一度やったことは捨てて、先へ行きたい。

あの頃の情熱を持ったまま、テクノロジーの進化を信じて、自分なりのやり方で世の中を変えていくビジネスを、いくつも成功させたいと、いまは思っている。

抵抗

「やるべきこと」を
やった後は、
悪あがきをしない。
急な流れの中で
ケガをしないように。

長野刑務所に収監以降、自由な暮らしは奪われた。時間も規律も、すべて刑務所が決めた通り。他人のルールに縛られて過ごさなければならない、人生初めての生活の始まりだった。

辛いといえば辛いのだけど、抵抗したって、どうにもならない。**「まあ、しゃーない」という気持ち**だった。

毎日朝起きて就寝時間まで、刑務所の決めたスケジュールを粛々とこなした。よく自暴自棄になりませんでしたね？　と聞かれたりするが、ヤケになっても、「しゃーない」のだ。人より少しだけ僕は、気持ちの整理がうまい方なのだろう。

悪あがきではなく対処に徹するというか、やるべきことをやったら、あとは流れに身を任せる。そして流れのなかでケガしないよう、できることを、黙々とやるだけだ。

気持ちの整理と、状況の受け入れが下手な人は、おおむね心を病んだり、いらないストレスを抱えるようだ。

僕はそんな苦しみを、わざわざ味わいたくない。

無駄なエネルギーをネガティブな方向に奪われないよう、「しゃーない」んだからと、修業のつもりで刑務所暮らしを過ごしていた。

そんななかメールマガジン発行や著作の執筆など、発信活動は続けていた。収監されている身での情報のリアルタイム発信は、難しいと思われるかもしれないが、そんなことはない。弁護士にきちんと確認して、外部スタッフと連携できていれば、ある程度やりたいように仕事はできる。

メールマガジンの質は落とさないよう努力した。インターネットは見られないので、新聞やテレビのニュース、差し入れられる多くの書籍などから情報を得て、僕なりの考察や意見を述べ続けた。

獄中からの発信について、反骨の姿勢として評価してくれる人もいたが、そんな大層なものではない。

僕が直接、関わらなくても進められる仕事のシステムを収監前につくりあげていた。なので、**獄中にいながら一般の人と同じか、それ以上のアウトプットは難しくなかった。特別な工夫や段取りはしていない。誰にでもできることだ。**

まあ、収監されるような事態は、そうそうないだろうが……。

収監中は、収監前と変わらず、忙しく過ごしていた。

収監のだいぶ前に東京拘置所に勾留されたときもそうだったが、読書量が増えた。自由時間は暇でしょうがないから本を読むしかないという事情もあったけど、会社経営で飛び回っていた頃から久しく忘れていた、本を読む楽しみを取り戻していた。

航空工学の勉強も始めた。刑務所では指導してくれる先生がいなくても進められる勉強に取り組もうと決めたのだ。

会社経営をしていたら、航空工学の勉強の時間を確保するのは難しい。刑務所は日課をこなせば、持てあますほど自分の時間を取れる。その余裕を活かして、パイロットになれるぐらいの航空工学の勉強をしようと思った。

毎週発行のメールマガジンの執筆も、普段のルーティンをキープしていく、いい目標になった。メールマガジンのために毎週、〝官〟の決める映画を観た。普段はまず見ない大河ドラマを観た。紅白歌合戦も楽しんで観た。

刑務所でしかやれないことを、すすんでやっていこう。

そういう方向に気持ちを切り替えると、やりたいことは意外と増えた。

経営者時代と変わらず、新しい情報や発見で、思考を埋めつくすことができた。

たぶん僕は、刑務所生活で、外にいた普通のサラリーマンよりも充実して過ごしていたと思う。

収監中に、獄中での記録を記した単行本『刑務所なう。』を発表した。

刑務所に入れられるような苦境に陥ると、人は無気力で、何もできなくなる……と思われがちだが、そんなことはない。

能力を高める勉強に取り組めるし、質の高い仕事を続けることもできる！

そういう事実を広く知ってもらいたくて、まとめた本だ。


気持ちさえあれば、制限された現実の環境を、自分の望む通りに変えることは、きっとできる。

収監中、僕はいつも思っていた。

「僕の生活は不自由だけど、思考はこんなにも自由だ。なのに、自由なはずの君たちは、なんでそんなに不自由なの？」

「刑務所にいても、ここまでできるんだよ。君たちは、なぜやらないの？」

という問いかけは、出所直後の単行本『金持ちになる方法はあるけれど、金持ちになって君はどうするの？』に書いている。

もうおしまいだ……なんていう状況は、存在しない。あるのは、もうおしまいと決めつける、自分の諦めだ。

どんな場面だろうと、対処する方法は残っている。

自ら学ぶのでも、誰かを使うのでもいい。やれることをやって、いまより良い状況をつくり出すのは、自分の取り組み方次第だ。

そんな当たり前すぎることを、僕は長野刑務所のなかでも実践していた。

信用

人は必ず嘘をつくから
それを前提に付き合う。
１００％の信用が
担保された
人間など存在しない。

状況を受け入れるということは、怒りのコントロールにも役立つ。

ライブドアの立ち上げ当初、若い部下たちがあまりにミスが多く、僕は怒ってばかりいた。「なんで言ったことができないの⁉　バカじゃないのか！」と、怒鳴りまくっていた。でもそれでパフォーマンスや成果が上がった例は、ほとんどなかった。

できないことに対して怒るのは、正しい反応だと思う。でも大事なのは、怒りを吐き出すことより、怒りの理由をきちんと解析して、次の対処策に活かすことだ。

それが本当の意味での反省だと、怒りまくった経験から学んだ。

当時の部下たちには申し訳ないが、怒鳴りまくった後、逆に彼らのパフォーマンスが落ちてしまう様子を見て、僕なりに学習していったのだと思う。

肝心なのは、改善と再発防止だ。

怒るような事態が起きた場合、怒りはさておき、まず反省すること。そして次に活かす方法を、考えねばならない。

怒ったぶん状況が変わるならいいけど、そんなことは決してない。

切り替えて、最適解を考えるようにしよう。

大事なのは「はい次！」の精神だ。

過ぎる時間は、待ってくれない。怒るエネルギーを浪費する時間より、次の対処策の実行に時間を使ってほしい。

怒りは我慢しろと言いたいわけではない。

本当にムカついたときは、爆発させないとストレスになるし、部下のミスが重大な損害になったときは、誠意を持って叱らねばならない。

怒るときは、怒る。

その後は、「はい次！」と気持ちを切り替えて、改善と再発防止に努めてほしいのだ。

ずーっと怒り続けて、対応策を練らず、事態を放置しているのは最悪だ。

怒りは捨てるものではなく、上手にコントロールして、再発防止の取り組みに活かすのが正しい使い方だ。

ライブドア事件では、僕は元の部下だった人たちに裏切られた。

あまりにも理不尽な手のひら返しの裏切りで、普通なら人間不信に陥ってもおかしくなかっただろう。

けれど、彼らに対しては、怒りの感情は持っていない。本当だ。

逆に、裏切りに遭った以降の、組織間の無数のトラブルによって、会社組織はもういらないと考えられるようになった。

「組織づくりを捨てる」方針への転換だ。

これは僕にとっての「はい次!」なのだ。

「人間はどこまで信用できるのか?」という問いに対しては、僕は素直に**「信用なんかできません」**と答える。

というと、ホリエモンは周囲に恵まれていないだとか、信用できる人と出会っていないだけとか、人情が薄い……などと言われる。他人の意見は自由なので、気にならないが、ちょっと待ってほしいと思う。

僕は何も、人を信用することが無意味だとか、誰も信用するな、とは言っていない。

僕にだって信用できる人は大勢いるし、ビジネスも友人関係も、根幹は信用だ。信用をないがしろにしているわけではない。

僕の言葉が足りないのかもしれないが、「信用なんかできません」というのは、**「信用は絶対ではない」**という意味だ。

前にも述べたように、僕には仲間とか身内とかという考えがない。

極端に言うと数年来の付き合いの知り合いも、初対面の人も、ごくフラットに考えて接している。親戚とか、血縁関係にある人も、別に特別ではない。「この人とはもういいや」という気持ちになったら、そこで関係は捨てるのだ。

たとえ長年の信用があったとしても、いらなくなったら、もういらない。

僕はどんな関係も、常に緊張した状態でいたいと思う。緊張した関係であれば、進歩的な話ができるし、新しい出会いの機会も得やすくなる。

信用という言葉の持つ温かさ、癒やされ感に、とらわれてはいけない。

大事なのは、いまと、これからだ。

信用する友人はいてもいい。けれど、自分の成長が阻まれたり、一緒にいる面白みが減っていっても、付き合う理由はあるだろうか？

信用が、関係をつなぎとめる絶対条件であってはならないと思う。それこそ不自由な縛りではないか。

信用を絶対化するのではなく、いまとこれからに思考を向け、いらなくなった関係は捨てていこう。

逆に、捨てられる側になったとしても、それはそれで仕方ない。決して恨んだりしないことだ。


そもそも信頼関係とは、何なのだろう？

相手を信じて頼ったとして、相手は結局、人間だ。強いところもあれば弱いところもある。ときには自己保身で嘘をついたりするだろう。

白い部分と黒い部分が混在して、グラデーションになっている。それが人間だ。

100%真っ白の信用だけで埋められた人なんか、絶対にいるわけないのだ。

同様に、100%真っ黒だという人もいない。

僕を裏切った人たちは、きっと黒い部分が僕に対して、現れ出たのだろう。一度は僕と苦楽を共にしたのだから、彼らが白い部分を持ち合わせていることも知っている。


信用していたはずの相手でも、**裏切るときは裏切る。**

それは善悪の問題ではなく、人間だから、当然なのだ。


僕はふだん、しょっちゅう怒る。怒るけど、相手を恨んだりはしない。

移動中に失礼なことをされるとか実害があったときは、うぜえな！　とTwitterなどで発散する。それでおしまい。後々まで引きずったりはしない。

長年の知り合いに裏切られたとしても、「ちょっと黒い部分の要素が多めの人だったなぁ」と思う程度で、受け流せる。

逆に、ひどい悪評で「あいつにだけは気をつけろ」と言われたような人でも、僕にとって白い部分が見えたら、「いいところもあるじゃん」と、良い印象を持って受け入れたりする。

人間付き合いの基本は、是々非々であるべきだ。

信用できる、できないと縦割りで付き合いを振り分けするのは、おかしい。「こいつだけは俺を裏切らない」とか「この人は100%善人だ」と決めつけて、信用を預けきるのは、根本的に間違っている。

100%の信用が保証された人なんて、肉親でも存在するわけがないのだ。いると信じているとしたら、人間観がおこがましいと言わざるを得ない。人とは、どれほど複雑で多面的か、という想像力が欠けている。

僕は他人の嘘は、いくら経験を積んだところで、見抜けないと考えている。相手の心のなかは読み解けない。血を分けた親族でもだ。

人間関係のトラブルで「相手の気持ちを考えなさい!」と叱られる場合は多いと思うが、無茶な言い分だ。

相手の気持ちなんて、絶対にわからない。

本心がどこにあるかなんて、その人にしか、わからないのだ。

自分だって日々、考え方や感じ方は、いろんな要因を受けて変化している。常に同じ気持ちで接し合える信頼関係なんて幻想だ。

相手を意のままにしようというのも傲慢きわまりない。他人とはわかり合えない、気持ちは通じ合えないと認識するところから、成熟した本物の人間関係が築いていけると、僕は考えている。

人は嘘をつく。必ず。
その嘘つきの本質を前提に、付き合っていくしかない。

諦めではない。この人はいつまでも信用できる、という根拠のない確信、ひいては「執着」を捨てることが、後々に大きな喪失を抱えないための最善策だ。

恨み

唯一できることは
「許す」こと。
人も自分も
変わっていくのだから。

信頼できる人間になんて、そうそう出会えるものではない。

心から信用できるパートナーと出会うまで起業しないとか、プロジェクトを始めないという人をたまに見かけるが、出会いが訪れる確証はあるのだろうか？

都合良く信頼できる人が流れてくるのを待っているようでは、何も始められず、好機を逃し続けていくばかりだ。

僕の場合、ビジネスでは信用の深さは重視しない。まったくいらないというわけではないが、スピード感とのバランスだ。信用をはかっているうちに、やりたいことが始められないのでは意味がない。

スピードをつけて走りださねばいけないビジネスは、少々の信用のリスクを背負っても走りだす。

もちろん、スピード感にこだわるあまり、最初から裏切られそうな人と組むことはないが、**人生の時間は限られている。好機をとらえ、行動のスピードを上げることを、僕は最優先している。**

人に裏切られないためには、どうすればいいのか？

スピードを落とすことでも、信用できる人との出会い待ちでもない。

そもそも裏切られない絶対の方法なんて、ないと思う。


正解は「許すこと」。

恨んだり憎んだところで、相手の気持ちは変えられないし、理解できない。僕も元部下たちに裏切られたが、彼らが本心では何を考えていたのか、少しもわからなかった。特にわかろうともしなかったけれど。

できることは、許す。それだけだ。


恨みを「切り捨てる」。

難しいかもしれないが、人付き合いの唯一の正解なのである。

裏切られないよう、事前に対策をするのは不可能だ。せいぜい高い報酬を保証してあげるぐらいしかできない。

繰り返すが、人間の価値観は多様だ。年齢や環境によっても、微妙に変わってくる。

仮に裏切り行為があったとして、「裏切ろう」という悪意を持っていたのかどうかも、わからないのだ。

人は信用したままで固定しない。良くも悪くも変わるのだ。

それが、信用は絶対ではない、という言葉の意味だ。

自分が勝手にその人を信じて、関係をつないだのだから、いつか信用を傷つけられたとしても、許すしかない。裏の顔を受け入れる、そのぐらいが人間関係はちょうどいいのではないか。


恨みのエネルギーは恐ろしい。人の一生をめちゃくちゃにすることも、度々だ。

恨みは際限がないのだ。ひとたびとらわれれば、どこまでも深く、エスカレートしていくしかなくなる。

その暴走を止めるのは、許しだ。難しいことではない。


人は変わり続けるのが真実だと、認めよう。

「あの人も自分も決して変わらない」という思いこみを捨てれば、楽に許せるはずだ。

幸せの単位

状況を受け入れて、
できることを
積み重ねる。
罰ゲームは
必ず終わるのだ。

さて、長野刑務所での規則正しい生活で、僕の体重はみるみる落ちていった。身体のウエイトを「捨てる」ことができたのは、ありがたかったが……収監以外の機会なら、よかったなと思う。

獄中でも仕事や勉強をこなし、自分なりに楽しみを見つけて刑期を過ごしていた。会いたい人に会えない不自由さはあったが、気持ちが折れることはなかった。

「食べたいものを食べられないのはストレスだったでしょ？」と聞かれることもある。けれど、食べ物に関してもそんなにストレスはなかった。

ふだん美味しいものを食べる工夫はするが、これが食べたいという強い欲求はない。僕は「美味しい料理」が好きなのであって、「好物」が限定されているわけではない。長野刑務所の受刑者の食事は、割と美味しいことで有名らしく、味はまあまあ満足レベルに達していた。

飲酒できないのにもすぐに慣れていった。かわりに、甘いものが欲しくなる。外では絶対に食べないような、きなこご飯の出てくる日が、楽しみになってしまった。

料理の味は美味しいのだが、薄味なのは少々参った。刑務所の食事は厚生労働省の健康基準に合わせて調理されており、塩分や糖分は厳格に管理されていた。食べると血糖値のガツンと上がる甘いお菓子や、塩味の効いたサバの味噌煮は、ご馳走だった。料理を選べない不自由さはあったが、ふだんの生活ではまず食べないような家庭料理を、刑務所ではいろいろ食べることができた。毎日、バリエーションの違う料理が運ばれてきて、それはそれで刑務所暮らしでの楽しみだった。

飲食で辛かったのは、水分補給だ。

欲しいときに水道から、がぶがぶ水を飲んだりはできない。僕はふだん水分をたくさん取ることで体調管理しているので、飲みたいときに飲めないのは、慣れなかった。最も辛かったのは夏場。ゼロカロリーコーラなど炭酸飲料がすごく欲しくなる。冷たい麦茶は、いちおうもらえるが、それでは足りなかった。

うだるように暑い日に、コーラをがぶ飲みできたら最高だろうな……と夢見ていた。10月には刑務所内で運動会が行われる。そこでコーラが支給されると聞き、やった！と小躍りした。運動会を楽しみに待つなんて、小学校でも経験しなかったことだ。

刑務所暮らしは、本当に幸せの〝しきい値〟が下がる。ちょっとした報酬が、大きな喜びに変わるのだ。

コーラぐらいで、大人の男が大喜びするなんて、まずないだろう。僕は模範囚だったので、割と早く受刑者階級が2類に上がった。すると月2回も、お菓子を食べられるのだ。これは嬉しかった。

面会に来た知人に「僕、2類に上がったんですよ！ 月に2回もお菓子が食べられるんです！ すごいでしょ!?」と言ったけど、知人は喜ぶ意味が、まったくわからなかったらしい。そりゃそうだ。

収監は、究極に近い罰ゲームだ。

辛いことには違いないのだけど、落ちこんだり、挫けていたって、しょうがない。罰ゲームはやらなくちゃいけないと、決まっているのだから。

厳しく自由が制限された環境のなかで、楽しみや喜び、やり甲斐を見つけることが大事だ。

そうすることで厳しい環境の方が少しずつ変わっていき、自分にとって有益な体験を、ひとつずつ増やしていける。

落ちこんでいるだけで、改善する環境はないのだ。

ショックが大きいときは落ちこんでもいいけれど、いつかは立ち上がらねばならない。はい次！　の気持ちで、やり直しをしなくてはいけないのだ。

状況を受け入れて、できることを積み重ね、次へつなげていくこと。罰ゲームのなかでも、きっとできる。

罰ゲームは、必ず終わる。それは揺るぎない事実だ。

終わるときを信じて、自分で楽しみを創出しよう。


幸せのしきい値の固定を捨てよう。

厳しい環境でも幸せを見いだす。それが人の知恵の発揮のしどころではないか。

落ちこみに沈んでいるだけの選択は、知恵と想像力の放棄だ。

分かち合うこと

独占ではなく共有。
体験は共有することで
楽しみの
バリエーションが広がる。

2013年3月27日、刑期の7割ほどを消化して、僕は仮釈放され、11月10日には刑期満了となり、自由の身に戻ることができた。

出所後は、一度も自宅を持っていない。現在まで、ずっとホテル暮らしだ。持ち物は収監直前に大部分を整理して、トランク4つ分くらいに収まっている。ほとんど増えていない。むしろ、もっと減らしていけると思う。

この**断捨離生活は、長野刑務所への収監をはさんで、加速している**印象だ。

僕の所有欲のなさは、あまりに特異すぎると、周囲に言われる。そんなに珍しいのかなぁ？　……と、不思議に思う。

モノがなければ不便でしょ？　とも言われるが、何も不便はない。

個人での「所有」をほとんど認められない刑務所暮らしをしてみて、不自由ではあったけれど、不便を感じたことはなかった。

逆に、モノなんかなくても生きていくには何も問題はないという、それまでの僕にとっての常識を、収監中に証明したような気持ちだった。

所有欲のなさは特別だと感じない。

ただ、その一方で、もしかしたら〝**共有欲**〟の強さは、人よりも強いのかもしれない、と思うことはある。

「楽しみを見つけたり、つくり出すのがうまい」と言ってくれる人がいる。これはたしかに自分でも得意な方だと思う。

そして、こうした楽しみを独占するのは、嫌なのだ。

飲みの席でみんなに伝えたり、本やSNSで発表したり、多くの人たちと共有したい。見せびらかして、「いいね！」と言ってもらえることは、やっぱり気持ちいい。

そして共有することで、また知らない楽しみや、面白いアイデアが集まってくるようになる。


楽しみは、共有すれば、さらに楽しみが膨らむ好循環が生まれるのだ。

昔からそうだったが、車でも、自家用機でも、自分のモノを知り合いに貸すことには抵抗はなかった。みんな乗りたいんなら自由にどうぞと思う。

さすがにスマホとか共有できない道具は無理だが、共有することでみんなが楽しんでくれるなら、すすんで差し出そう。

別に心と心がつながった、親友が欲しいわけではない。というか、そんな存在はいらない。信用は絶対ではないし、結局、その相手への依存が生じてしまって、面倒な問題が起きやすくなる。

とりわけ、僕の場合は毎日の過ごし方が多動的で、全部について来られるタフな人なんかいるわけがない。少し仲良くなっても、以心伝心を築くところまで、たどり着けるわけがない。

気持ちの完全な合致は無理。だけどポイントごとに、つながることはできる。

このビジネスをやるにはこの人、ゴルフはこの人、カラオケはこの人……と、うまく付き合いを分散して、楽しみの共有の幅を広げていく。少なくとも僕にはそれが合っている。

ひとりの人とか、ひとつの関係にこだわる必要なんてない。

時代は急速に、シェアリングに傾いているのだ。

Airbnb、Uberなど、ここ数年ですっかり馴染みになったが、こうしたシェアリングエコノミーが浸透した要因は3つだ。

インターネットによる決済システムの信用化
スマートフォンの普及
人口集中が続く都市部での土地・不動産の高騰

これらの要因が追い風となって、シェアリングエコノミーの利用者が急増した。
つまり、テクノロジーの恩恵だ。
テクノロジーが進んだことで、あらゆるモノの共有＝シェアが容易になり、わざわざ高いモノを持たずとも、誰もが豊かな生活を享受しやすくなってきたのだ。

シェアリングエコノミーは、使われていないモノを、みんなで順番に使い回し、経済活動を進めていこうという設計思想が基になっている。

文明は、独占ではなく共有へ移行しようとしているのだ。

シェアリングエコノミーの基盤となる、ユーザーの評価システムの新構築は、世界的に進んでいる。

中国では信用スコアを制度化して、2020年までに与信と同じステータスに引き上げようと計画している。信用スコアについては、拒否反応も少なくないが、プラットフォームの評価システムや個人のスコアリングの明示化がいまより進めば、シェアリングエコノミーがさらに拡大するのは確実だろう。

いままでは「人情での助け合い」が主流だった。

それもいいけれど、技術革新は急速に進んでいる。「テクノロジーで人と人が助け合う」社会は、遠くないうちに実現するはずだ。

この大きな流れのなかで、所有欲は、どんな意味があるだろう?

持つことへの執着は、昭和から平成の旧時代のスタイルでしかなく、逆に共有の恩恵を得られないリスクを負うことになるだろう。

所有の目的とは、何だろう？

本来は、持っているモノを使うことで得られる利便性や娯楽性が、目的ではないだろうか？

美術品や装飾品のように、「持つこと」自体に目的がある場合も考えられるが、それも誰かに見せたいとか、心が満たされるとか、所有する行為の先の反応に、目的が置かれている。

モノそのものには、目的はまったく付随しない。

例えばCDはiTunesの登場であっという間に駆逐されたが、「欲しいのは盤面ではなく音楽なのだ」という、本質的な目的に、みんなが気づいたからだ。

CDそのものには、何の価値もない。ただの記録媒体だ。

長い間、僕たちはモノが運んでくる体験にお金を払ってきた。

だがスマホが普及したことで、その体験はモノが運んでくれなくても、楽しめるようになった。

モノに縛られていた体験は、テクノロジーの進化によって、自由になったのだ。

僕たちは、その体験を分け合える。

体験は、独り占めするものではない。シェアした方が、出会いや信用評価が掛け合わさり、楽しみのバリエーションは増えるだろう。


体験の楽しみを最大化していくためには、昔はある程度のお金が必要だった。けれど、その出費を誰かと分担し合えば、同じぐらいの楽しみを安価で、手軽に得られる時代になってきた。

お金はいらない。大事なのは、体験を取りにいく行動力だ。


家に車、リゾート、高価な機材、プロスポーツチームなど、みんなが欲しいモノは、現段階ですでに、だいたいのモノが共有できる。シェアリングエコノミーのさらなる進化は、所有の価値をもっともっと下げていく。

僕たちは所有よりも共有を選ぶ方がいい……というより、選ばざるを得なくなっていくと思う。

そんな時代に、本当に求められるのは、何をしたか？　誰と出会ったか？　どんな面白い意見を語れるか？　という個人の経験値だ。

シェアの市場に置き換えられない、行動力に裏打ちされた経験値が高値で取引される社会になっていくだろう。

何かを持っていても意味がない。

「何をしていたか？」が経済評価に置き換えられていく。

WIRED誌の創刊編集長で、自然保護論者のケヴィン・ケリーは、現代は「所有よりもアクセスが大切な社会」だと言う。

旧世代の大人たちが享受してきた自由の大部分は、モノを持つ権利によって実現されてきた。どれだけ稼ぎ、何をつくりあげた、何を持っているのかが、アイデンティティの根幹だった。だがミレニアム世代以降、デジタルネイティブな世代は違う。自己と所有との強いつながりは、壊れつつある。

所有とは別の新しいチャンネル、例えばSNSの「いいね！」や、オンライン上でのブランド、人気アーティストやインフルエンサーのコミュニティでの振る舞い、などがアイデンティティとして価値を持ちだしている。モノではなく、好きな分野で、どんなオリジナルのつながりを持っているかが大事なのだ。


第3次産業革命の理論的主導者で、ドイツのメルケル首相のアドバイザーでもある未来学者ジェレミー・リフキンは、こう述べた。

「いまから25年後には、多くの企業や消費者にとって、所有というコンセプトは、限られた、古臭いものになるだろう」

僕もこの予測には同意する。かつてアリストテレスは、

「概して、持つことより使うことに、はるかに大きな豊かさがある」

と唱えた。その通りの社会が、すぐそこにやって来ているのだ。


モノなんか捨てて、体験に飛び出そう。

シェアの広がった世界で（楽しく）生き残る、最適の方法だ。

金儲け

かつて儲けまくった僕は
痛感した。
この国では
お金を儲けると
損をする。

２０１８年の12月、小型ビジネスジェット「ホンダジェット」の日本初号機の所有メンバーとなる起業家３人が発表された。

そのなかに、僕も名を連ねた。


ホンダジェットはＨＯＮＤＡのアメリカの子会社「ホンダ　エアクラフト　カンパニー」が研究開発と製造販売を手がける、７人乗りの小型ジェットだ。

左右の主翼上面に２基のエンジンを搭載し、同クラスの機体の最高水準の速度となる時速７７８キロと、航続距離２５００キロ以上の低燃費を実現した。

機体価格はおよそ５２５万ドル。６億円弱と少々値は張るが、３人での共同購入なので、だいぶ負担は下がる。

それでも僕にとっては、久しぶりの、まとまった額の買い物だった。


ビジネスや旅行で海外への移動が多い僕は、昔は自家用飛行機を所有していた。しかしライブドア事件の前に売ってしまった。維持費もかかるし、もう飛行機を持つことはないだろうと思っていたが、ホンダジェットに試乗してみて、気が変わった。

すこぶる快適だった。

小型ジェットとは思えない機内の広さで、離着陸もスムーズだ。乗り心地だけではない。プライベートジェットなら、入国審査などの時間を奪われる手続きも、他の利用客より優先して済ませられる。

よし、買ってしまおう！ と決心した。

久しぶりの自家用飛行機のオーナーは、共同所有のスタイルをとった。これも僕なりのシェアリングエコノミーの実践だ。

共同所有は便利ではあるけど、少し問題もある。所有者同士で予定が被ったときに、使えない場合が生じる。

また、他の所有者の需要を満たすために、余計な燃料が必要だったりする。例えば僕が台北までジェットを使い、別の所有者が日本国内で使いたくなったときは、台北から日本に飛行機を戻すぶんの燃料費がかさむ。いくつか運用面での面倒くささが考えられそうだ。

この不便を解消するには、たくさんの機体を全国各地に配置することだ。いまはジェット1機を数人で所有しているが、今後は複数の機体が、もっと大勢にシェアリングされるといい。

僕は自分の利便性を考えて所有者になったが、HONDA側としては、そのようなシェアリングエコノミーの発想に沿ったビジネスの展望を描いていると思われる。

飛行機のオーナーなんて、昔はひとにぎりの金持ちにのみ許された特権だった。でも、時代はすでに、たくさんの人と一緒に多くの飛行機を共有し合って、空の旅を楽しもうというフェイズに入りつつある。

やがて月10万円も払えば、フリーターでもジェット機の共同所有者になれる——そんなシェアリングの未来が開かれるかもしれない。

このような変化も、所有の概念が薄れている大きな流れの一端だろう。

僕も自分のオンラインサロンのHIUで、さまざまなシェアリングエコノミーを実験的に稼働させている。

都内にＨＩＵメンバー専用のシェアオフィスや、コワーキングスペースをつくった。サロン内ビジネスを活発化させる基地として、メンバーたちで利用している。

また、メンバーのみが泊まれる宿泊施設もつくった。お金を取ると、旅館業法に抵触するので基本は無料だ。部屋にはバーをつくり、お酒や食べ物など持ちこみ放題にしている。リサイクル用の衣料ボックスも置いてある。各自いらない服を入れて、自由に持っていってもらえば、服代はかからない。

シェアオフィスや宿泊施設を組み合わせれば、月3万円ぐらいで生活できるのではないか？　という実験を試みているところだ。

シェアリングエコノミーで、一定の満足を得ながら、生きていくことはできる。いきなり道徳的なことを言うけれど、「お金を儲けよう」という考え方では、うまくいかない。

かつて、僕は儲けまくった経験があるので、より痛感する。稼げば稼いだだけ、ものすごい額の税金も発生する。

納税は国民の義務。だからしっかり払う。でも、正直なところ大損の気分だ。ろくに税金を払っていないような一部のバカから、やっかみを受けて批判されまくるという理不尽な思いも散々経験した。

残念なことに、この国では、お金を稼ぐと損するのだ。


オンラインサロン内でメンバーが生み出せるC to Cの個人取引の収益は、多くても月20万円ほどだろう。それぐらいなら消費税はかからない。足りない分はクラウドファンディングでお金を集めればいい。

技術の組み合わせの工夫次第で、ある程度の生活分を稼ぎながら、普通に暮らしていけると僕は考えている。


サロンでは、シェアリングエコノミーをベースに、「モノを持たずとも、お金がなくても、ほとんど何でもできるんじゃないの?」という仮説の実証を続けている。

地道ながら成果が出てきており、そこにメンバーたちの工夫も加わり、次の段階へ行こうと計画中だ。所有せずとも、幸せに暮らせる生き方がその先にあると思う。

マインドシェア

恋人は20％
ぐらいのシェア。
図々しく
他人とリスクを
分け合っていこう。

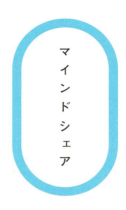

シェアの概念は、若い女の子にも当たり前に広がっている気がする。

先日、とある場で会った20代の女子の話は興味深かった。彼女いわく。

「彼氏は20％ぐらいでいい」

どういう意味なのか？　と聞くと、**人生におけるシェアは、彼氏の分は2割でちょうどいい**と考えているそうだ。

その2割がセフレなのか、パパ活で見つけたおじさんなのかわからないが、何にしても恋愛でマインドシェアを奪われるのは、2割で充分だという。

残りの80％で別の男と旅行したり、食事したり、セックスはしないけど付き合ってみたり……と、本来は彼氏に一極振りするような楽しみを分散させている。

このライフスタイルは、とても面白い。

シェアリングエコノミーの個人的な応用だろう。

恋人になった男は少々切ないかもしれないが、「彼氏は20％ぐらいでいい」という指標は、現代女子のリアルだと思う。

マインドシェアの発想は、僕も非常によくわかる。

ここまでさまざまな話をしてきたが、**結局のところ、ひとつのものにマインドシェアの多くを、奪われたくないのだ。**

できるだけ効率的に、気持ちよく、楽しみを生み出すように、マインドシェアを分散したい。

そのためにシェアリングエコノミーは最適のツールとなり得るし、モノを「捨てる」ことは、大いに役立つ。

マインドシェアがひとつのものに占められていると、必ず不自由を生むのだ。お金、結婚、人間関係、過去の思い出……それらのものは、執着というブレーキになって、ポジティブな行動を妨げるだろう。

マインドシェアの調整は、社会人にとって大事なマネジメントのひとつとなる。邪魔なものは捨てて、負荷の少ない配分を常に心がけておこう。

シェアリングの考え方は、昨今の人々に蔓延している〝ゼロリスク症候群〟の軽減にも役立つと思う。

例えば、四国の伊方原発の再稼働問題や、子宮頸がんワクチンの反対意見。「ゼロリスクが絶対！」という声は思いのほか大きい。

人生においても、「リスクがゼロにならないと挑戦できない」と言って、何にも行動しない人は、まだ多い。

はっきり言うが、この世界、リスクがゼロのものなんてあるわけない。それこそがゼロ。

「ゼロリスクを証明しろ」というのは、理論上では完全に破綻していて悪魔の証明に他ならない。

ただ、リスクはゼロにはできないが、分散と共有によって軽減することは可能だ。

こだわりを捨てて、リスクを他人と分け合う図々しさを持っていいのだ。

必ず、誰かが、あなたを助けてくれる。

行動した人には、必ず手を差し伸べてくれるのだ。

裁判の後に、本当に多くのモノを失ったが、その代わり多くの新しい価値に囲まれ、いま楽しく暮らしている僕が言うのだから、間違いない。

COLUMN

収納サービスと定額レンタルの活用が断捨離への道となる。

高価なブランドものだろうと、思い出が詰まった服だろうと、大部分は捨てて問題なし……なのだが、仕事も遊びも、最低限の身だしなみには気をつかわないと、人付き合いの入り口からつまずく。捨てたいけれど、捨てたら困るという洋服は、厄介な存在だったりする。そんな自分が活用しているのは「サマリーポケット」などの収納サービス。集荷された服は倉庫に保管され、リストも自動的につくってくれるので、スマホをクローゼットにする感覚。コストは少しかかるが、管理としては非常に使い勝手がいい。普段着は「エアークローゼット」「メチャカリ」など、定額洋服レンタルサービスの活用が今後は当たり前になっていくだろう。形あるもので一番捨てづらい洋服を減らしていくことは、非定住生活への大きな一歩となる。

COLUMN

単語を丸暗記して外国人と積極的に話せば語学は上達する。

語学を学ぶ際の選択肢として、留学が挙げられるが、あまりいい印象が持てない。語学や世界情勢を学びたいという、真剣な気持ちは結構だが、それはスマホ1台で事足りるのではないか。そもそも語学は、単語をひたすら暗記すれば何とかなるものだ。留学先でないと入手できない知識や体験も、昔ほどはない。大半は、日本では冴えないから、海外に行ったら何とかなるんじゃないかという甘えだと思う。留学なんかより、外国資本のベンチャー企業に飛びこんで働いてみる方が有意義だ。または頑張って海外の言語ネイティブの恋人でも作ればいい。コスパや時間対効果の高い他の手段はたくさんある。

COLUMN

いい仕事や出会いを得るための投資先として。

多くの若者は、履歴書に少しでも多くの資格を書き、就職活動を進めようとしている。残念ながら、そんな活動はあまり意味ない。資格を重く見ている会社は多くないし、資格は、いい仕事を得るための投資としては、リターンが低くなっている。資格の勉強に時間とお金を取られるぐらいだったら合コンの方が、よほど役に立つ。もちろん、ただ女の子を口説いたり、金持ちの男に近づこうとする下心だけではダメだ。会話の節々にアンテナを張って、いろんな業界の人々のライフスタイルを学ぶ意識で臨もう。意外なビッグビジネスの種が見つかったりするものだ。少なくとも名刺を交換するだけの異業種交流会に行くよりだいぶマシなはず。

COLUMN

いいモノをつくるだけでなく、自分を売りこむ営業力を磨く。

商売とは、モノを売って利益を出すことだ。モノを売るためには、営業しなければならない。これはビジネスの不変のシンプルなルールだ。なのに、いまだに「いいモノをつくってさえいれば売れる！」と考えている人が多い。待ちの姿勢というか、店先に良品を漫然と並べているだけではダメで「いいモノを売りこむ営業力」が、何よりも大切だ。北九州の「照寿司」は、その好例。オーナーのドヤ顔で寿司を出すパフォーマンスがインスタ映えし、世界中から食通が来客する名店となった。これこそ現代の「営業力」である。能力を売りこむ＝相手に認知させることができなければ、価値は生み出せない。

第 4 章

from 2013 to 2019

自分が他の人より強くいられる理由を
考えたらひとつ思い当たった。
こだわり＜時間。お金＜＜＜＜時間。
── では、時間と等価であるものは
何だろうか。

持ち物と思い出

思い出を
捨てられない人は
ヒマなだけだ。
場所はおろか
時間まで取られて
タチが悪すぎる。

モノは持たない。モノは買わない。

繰り返しになるが、僕は所有から、徹底的に遠ざかって暮らしている。

するとモノを持つという機会も、思考も、なくなっていくので快適だ。


モノを持たないでいると、とにかく移動がしやすい。

精神的な気楽さはもちろん、時間的にも便利だ。

ライブドア時代よりも多忙ななか、僕は海外渡航を重ねている。年間で30〜50カ国ぐらい。国際便搭乗は、すっかり日常になった。

海外渡航時も極力モノを持たない。さすがに手ぶらで、というわけにはいかないが、機内持ち込みサイズのスーツケースで充分に足りる。以前はパソコンやカメラを持っていたが、スマホで足りるから、もう必要ない。


スーツケースの中身は、スマホの充電器、最低限の着替え、デンタルケア用品、ピルケース、ランニング用のシューズとシャツ、体調管理用の体重計ぐらい。

ゴルフをするときは、ウェアの上下と帽子。寒い国へ行くときはダウンジャケットを、小さなリュックに入れていく。かさばるとしたらそれぐらい。

目安としては、一般的な海外出張の2泊分ぐらいの荷物。成田から北欧、その後、南アフリカからアフリカ各地を巡る数週間の旅程も、これで不便はなかった。洗濯はホテルのクリーニングサービスを使い、必要なものが出てきたら現地調達。いらなくなったら現地で捨てる。


旅のお土産も買わなくなった。

よほど面白いモノが見つかったり、頼まれたりしたら別だが、もらう方も土産をもらっても、さほどありがたくないことに気がついた。それより現地で経験した話や、〝エモい〟写真の方が、仲間内では喜ばれる。

「モノより思い出」というのは、ありきたりの言葉だけど、真実なのだ。


エンターテインメントを楽しむためのギアは、いくつか所有している。

トライアスロン用のバイクやウエットスーツ、ゴルクラブセットなど、まあまあサイズ的には、かさばるモノだ。

しかし先に述べたように、僕には自宅がない。置いているのは、都内のシェアオフィスか、トランクルーム。それで充分だ。モノは持っていても、やはりシェアリングエコノミーの恩恵を受けている。

モノが溜まってしまう人に、一般的に共通しているのは「思い出の品を捨てられない」性格だろう。

ちなみに、この本の担当編集者は、高校時代に付き合っていた彼女からプレゼントされた手編みのマフラーを20年以上も捨てられないそうだ。もう、なんというか……〝引く〟を通り越して、軽くウケる。

女子なら、彼氏からもらった流行遅れのアクセサリーとか。そのときの記憶がこめられているとか、それぞれに保管している理由はあるだろうが……。

思い出の品なんか〝秒〟で捨てなさいって！

いい思い出を持つこと自体は、悪くはない。

充実した、楽しい日々を過ごした証拠だ。

なにがしかの経験値を得ただろうし、いい思い出はたくさんつくればよいと思う。

でも、思い出をモノに封じこめて、所有に縛られているのはダメだ。

過ぎた日を慰撫する以外に用途がないモノを持ち続けることに、何の進歩性があるのだろう？

場所を奪われるだけでなく、「こんなこともあったな……」と思い出す時間まで奪われるので、タチが悪い。

思い出の品を捨てられないという人は結局、ヒマなのだ。

いまという時間に集中して、熱中できるものに取り組んでいたら、過去を思い出すことなんか、ないはずだ。


やりたいことに全力を尽くせていないから、思い出などに思考が奪われる。過去を慈しむ——これほど無駄な時間はないし、生産性もない。

人にとって最も大事なものは何か？　時間。それ以外にない。

モノでも貯金でも人脈でもない。

この瞬間、すごい速さで過ぎている時間こそ、何ものにも代えがたい宝物なのだ。

百歩譲って、思い出の品物を持っているのは別にいい。

でも、**その思い出に浸っている時間は、もっと面白くて幸せな時間をつくり出す機会を目減りさせている。**


僕は、思い出に類するようなモノは、一切持たない。

デジカメが世に出る前に撮った紙焼き写真などは、実家に行けばあるだろうけど、手元にはない。〝記憶〟を残した〝記録〟として、写真はあってもいい。スマホのデータに入っているだけで足りる。そこに記録されているデータが重要なのであって、モノで持つ意味はない。


過去の、僕に関係する記録的な資料などは、少しは残している。なぜかって、客観的に貴重だから。

例えば収監中に友人たちからもらった寄せ書きの色紙など、すぐには出てこないけれど、シェアオフィスのどこかにあるはず。

先にも述べた、初めての事業計画書もそうだけど、僕の場合はビジネスで残したモノに、ＩＴの歴史的な資料価値があるようで、スタッフや関係者に「置いておいてくれ」と頼まれている。

それらは今後の仕事上、必要だから置いているだけで、僕の意図とは何も関係がないのだ。

仕事で使うとか、用途があるなら別だが、捨てられるものは捨てる。

そして、いまこの時間の価値を高めてほしいと思う。

修業

時間をかけないと
得られないスキルは
実はほとんど存在しない。
「下積み」は
既得権を守るための
ポジショントークである。

「捨てるべき」モノについて、主に語ってきた。

ここからは逆に、「捨ててはいけない」モノを、いくつか論じていこう。


まずは、繰り返し述べた「時間」だ。


ぼんやりしているだけで過ぎ去り、死へのゴールが、着実に近づいていく。

無為に時間を過ごすことは、最も愚かしい「ポイ捨て」作業だ。

時間は取り戻せない。誰かに特別に、多く振り分けられてもいない。公平で、容赦なく、すべての人に与えられた有限の資源だ。時間とはすなわち、命である。


時間を無駄に使う人に、本当の幸福はないし、経済的な成功もない。

「やりたいことがない」からと誰かの言いなりになったり、うまくいっている人の足を引っ張ったり、罪のない人を貶めたり、ネガティブなことに時間を費やしている人を見ると、基本的には僕は無視するが、心のなかでは、なんてバチ当たりなんだ……

と思う。

思考を良質な情報で埋めて、最適の方法を選び、余分なモノを捨てて、身軽になって目的へ近づいていく。

誰にでも、できることだ。

そうすれば有限な時間は、限りなく無限へ近づき、最大化する。

何を持つか？　ではない。

どのように時間を使うか？　という意識に、全神経を傾けてほしい。

迷ったら時間の早い方を選ぶ。これが鉄則だ。

早く着手すれば、ミスしたときのリカバーも早く済む。多くのビジネスの経験で得た教訓のひとつだ。

「急がば回れ」という諺《ことわざ》がある。あながち間違いではない。

目的達成のために回ることで、スティーブ・ジョブズが語るところの「点と点」がつながる偶然が起きることもあるからだ。

でも、時間を費やせばいいというわけではない。
正しくは**「考えながら急いで回れ」**だ。

目的のために最適の選択は何だろう？　と考えて、行動しよう。

時間をかければ成果が高まるという考え方は、そもそも時代に合っていない。リスクリワードの意味でも、「時間をかける主義」は、不利を生むだろう。

何をしたいのかが定まれば、すぐ行動だ。

動きだしが早ければ、きっと回り道よりも効果の高い、近道が見つかる。


著書などで、僕は近年「修業はいらない」と唱えている。

修業は、まぎれもなく時間の浪費だ。


別のところでも書いているが、寿司屋の修業を例に取る。

昔の寿司職人の修業といえば、高校卒業で店に入り、皿洗いなど雑用で数年、焼き物を担当して数年を費やす。そして包丁を持たせてもらうまで、また数年がかかり、師匠から料理や店の運営のテクニックを教わるようになるのに10年近く、という経過が当たり前だった。

独立できるようになるのは、早くて40代を過ぎたあたり……。遅すぎる。

美味しい寿司のつくり方は、ＹｏｕＴｕｂｅで公開されている。

それをちゃんと真似れば、数十年修業した腕前と、ほとんど変わらないレベルの寿司を数カ月で握れるようになる。海原雄山のような食通が相手でもない限り、絶対バレない。短期間で料理法を教えてくれる学校や料理教室だって存在する。

僕がそう言い始めたら、古い料理界から憤慨され、大反論された。

で、実際はどうだろう。**寿司屋での修業は一切せずに、寿司学校で学んだ経験だけのオーナーが開店した寿司屋が、いまではミシュランに掲載されている**のだ。

味と修業期間の長さは、比例しない。

「美味い寿司を握るには、人生を削り取る必要がある」なんていう、犠牲を礼賛する考え方が、根強く固定化してしまっているのは問題だ。

寿司屋の修業はまず、閉鎖的すぎる。

師匠は、弟子になった者にだけ味の秘密を伝え、ときには「盗むもの」だと、教えることもしない。肝心の秘密とは、包丁の角度を変えるとか、味つけに何かの調味料を決まった量だけ足すとか、はっきりいって〝コツ〟レベルの知識。そんなもの、数秒で教えてやればいいのに！　と思う。

僕が育ったインターネットの世界は、まったく逆の開放的な世界だった。

システムを構築するプログラムは、ほとんどオープンソースで公開されていた。それらを若いエンジニアが勝手に書き直し、バージョンアップしていった。バグもセキュリティホールも、よってたかって改良した。

職人の世界で言う〝秘伝〟を、みんなが自由に共有できた。誰でも使えるから改良は早く、新しい技術が、ものすごいスピードで次々につくられていった。

だからこそほんの数年で、世界の隅々まで広がったのだ。

みんながスマホを手に持っている時代に、閉鎖的な修業を強いるような仕事場は、完全に終わっている。

何年も時間をかけないと得られないスキルなんて、世の中にほとんど存在しない。

要は、**苦労した上の世代が、「時間をかけないと上達しない」というポジショントークで、既得権を守るための勝手な〝修業〟なのだ。**

もちろん、自分から修業したいという人の意欲は、否定しない。

何年も下積みの修業をして、たしかなスキルを身につけてから、世に出ようという誠意は悪いものではないだろう。もともと不器用だから、うまくなるのに時間がかかるので長く修業したい、という気持ちもわかる。自信創出のために必要な時間だというなら、好きなように修業したらいい。

ただ、スキル獲得のための絶対条件ではない。

修業すれば人間力が身につく、などと言われるが……そんなわけないだろう。厳しい修行を積んだくせに、頑固で偏屈で、おまけに無愛想な職人がどれだけいることか。

そもそも人間力なんていう、抽象的すぎる基準を盾に、若者から大切な時間を奪うなんて、どれだけ傲慢なのだ。

修業は無意味という主張よりも、僕が問いたいのは、本質の部分だ。君が何らかのスキルを得たいと言うとき、僕は最初に訊ねるだろう。

「目的は、何なのですか?」

「美味しい料理で人を幸せにしたい」というのが目的なら、注力すべきは修業期間ではないはず。SNSや食べ歩きを駆使した情報収集や、流行っている店のつくり、料理人のパフォーマンスを学ぶことの方が大事だ。

目的が「長く修業したい」のだったら、どうぞ好きなだけ、下積みを延々と続けてください。

目的がお客さんに向いているのなら、修業は真っ先に「捨てて」いい対象だ。

もう少しだけ寿司の話をしたい。

知り合いの経営者のAさんは、独学で寿司職人になった。Aさんはまさに「修業はいらない」を、地で行った人物だ。

Aさんは音楽業界とのつながりがあり、プライベートで海外の大物ミュージシャンなどを招き、寿司屋で接待していた。

彼らが寿司を美味しく食べてくれるのはいいのだが、ミュージシャンたちはカウンターの向こうの大将の華麗な包丁さばきを「Great!」「Fantastic!」と褒めまくる。それが、ぜんぜん面白くなかったという。「俺が苦労して予約して、高い金を払っているのに、俺には注目が集まらない」とのことだ。

そこで「ならば寿司屋になろう！」と決めたそうだ。もちろん寿司屋の経験はゼロ。

Aさんは、いい寿司をつくるためには、まな板が大事だと考え、日本一のまな板を探す旅に出た。やがて日本に2本しかないという貴重な材木でつくった、最高級のまな板を手に入れた。次に探したのは包丁。知り合いから情報を得て、玉鋼で製造した特別製の包丁を見つけてきた。

寿司さばきは、どこの店にも入らず、すべて独学で練習した。寿司アカデミーに行くという選択もあったのだが、「そこに通って寿司職人の腕を磨いたら、アカデミーの手柄になるから嫌だ」と、断念。ある意味、徹底している。ネタの仕入れも、自分で卸し市場に通い詰め、高級寿司店に負けないレベルのネタのルートを確保した。

彼の寿司を僕も食べさせてもらった。美味い。ネタの質も仕込みも完璧で、この寿司が、修業期間の意味では〝素人〟のつくったものとは、信じられないレベルだった。ひと通り食べた後のシメは手製のラーメンだった。これがまた絶品に美味い。「寿司のシメといえば玉子とか、みそ汁を出すのが許せない」という理由で、ラーメンなのだという。

オリジナルのコーヒーも出してくれた。「豆は独自のブレンドで、旨味の脂肪分を漉《こ》さない金属フィルターを使い、特製の南部鉄瓶で淹れたという。これもやはり絶品。

Ａさんのこだわりは「美味しく食べてもらって、喜ばせたい」に尽きる。修業してスキルを学ぼうという発想が根本からない。だから、本当の意味で客観性を失わず、何がお客さんを感動させるのか？　という視点で、揃えるべきものを揃えられたのだ。

彼は味を引き立てる設備と材料を得るために、素早く行動した。道具の揃えや店の構え、パフォーマンスに細部まで手をかけた。そのこだわり度合いは、僕から見ても、ちょっとぶっ飛んでいる。

でも、このぶっ飛びが、本当に優れた料理人に求められる要素ではないだろうか。時間は、かけたくない。

できるだけ早く、できるだけ高い質の味を、お客さんに食べさせて褒められたい。そのためには、修業を捨てて好きなようにつくる。そのシンプルな欲求と破天荒なエネルギーが、唯一無二の新たな職人をつくりあげた。

嫌な仕事

辞められない理由は
なんだろう。
安心感？　安定感？
違う。
〝損切り〟に
臆病になっているのだ。

寿司職人Aさんの本業は、実はマンガ関連事業を手がける会社の経営だ。日本には優れたマンガがたくさんあるのに、世界で広がる作品が限られているのは、絵の大部分がモノクロだからだという。

グローバル市場の標準に沿わせるには、カラー化が必須だ。そう考えたAさんは、日本の有名コミックの作画のカラーリングを請け負った。クオリティには定評があり、依頼が殺到しているそうだ。取引先の大半は、海外だという。

それまで、コミックの海外展開のためには現地に支社をつくり、何年も根回しが必要と考えられていた。しかし彼は「まずは絵のカラー化だ」という本質的な部分に気づき、作画のカラーリングの技術を磨いた。カラーリングの技術を持った会社が国内では限られており、いま海外市場へ向けた仕事は、ほぼ独占状態だという。

それも「修業を捨てて」得られた成功といえる。

修業の時間を捨てられない人たちのマインドは、いけてないサラリーマンに通じると思う。

いま勤めている会社を辞めたい……という人はとても多いが、すぐ辞められる人は少ない。

辞められない人の意見を聞くと、大半は生活面での不安を挙げる。どんなに仕事が辛くても毎月決まった時期に、ある程度決まった給与が、ほぼ確実に振り込まれる。個人での責任を会社全体に分散できる、リスク軽減がしやすい環境も、心強い部分ではあるようだ。

経済面でも責任の部分でも、守られている保証がなされている環境は、一定の安心を得られるのだろう。

だが、僕はもっと大きな理由があると想像している。

あなたがもし、会社を辞めたいのに、どうしても辞められないとしたら……その理由は何だろう？

月給？　組織の安心感？　おそらく違う。

あなたは**「いま辞めたら損をする」**と、どこかで思ってるんじゃないだろうか？

嫌な上司や出来の悪い同僚、部下に悩まされ、不条理な仕事を押しつけられ、しかも安月給で身体も精神もくたくたになっている……数カ月、あるいは何年も、その〝我慢〟に投じた時間が無意味になってしまうのを、怖がっているのだ。

つまり〝損切り〟に、ためらっている状況だ。

こんなに辛い修業を続けたのに、途中で放り投げたら、もったいないと思いこんでいる。

全然そんなことはなく、さっさと見切って行動した方が結果は良い。頭ではわかっている。なのに〝損切り〟が、無意味な損失であると認識してしまう。それは修業の洗脳の恐ろしい側面だ。

仕事を「捨てたい」のに「捨てられない」ときは、一度自問をしてほしい。

生活面での不安よりも、気持ちの上での損得勘定で、自分の決断を縛っていないだろうか？

辛い修業を続けたいならいいけれど、無駄な時間など御免だというなら、洗脳を自ら解き、思いきって辞めてしまおう。

〝損切り〟できない言い訳を、上司や同僚、会社全体への悪口にすり替えしているとしたら、生産性も進歩性もない最悪の時間によって、人生を磨り減らしていくことになる。

何が辞められない理由なのか。

自分を仕事に踏み留めている理由は、どこにあるのか。

自問して「捨てる」べきものを見つけられれば、自ずと行動は決まるはずだ。

時間

「堀江さんのような
仕事をしたい」
と言ってくれる人は多いが、
それは無理だ。
時間への感覚が
まったく違う。

こだわりを捨てて、新しい行動を起こす。

それは僕の不変の思考であり、すべてのビジネスを進めるときの根幹となっている。

縛られそうなものは、捨てる。

モノはもちろん、人間関係もだ。

繰り返し述べているが、人間関係はいらなくなったら、ためらわず捨てる。

形のあるモノではないので、管理コストはかからないのだけど、いらない関係は持っているだけで心のストレスになる。遠慮なく捨てる。形がないから、切り捨てるのも簡単だ。連絡を取らなければいい。

お金がらみの人間関係は、どうしても切りづらいと言うが、僕の場合はそうでもない。お金を貯めておきたい欲求がまったくないから、人に対しては使いたいだけ使う。

借金トラブルは、僕はほとんど経験したことがない。

貸したお金や投資金も、出した時点で、「あげたもの」と割り切ってしまう。なんなら忘れてしまうのだ。

投資や事業援助などの貸金は法的な債務が生じるので、手続き的にはきちんと返済してもらうよう努める。

だが気持ちの上では、どうでもいい。

出した時点であげたもの。というか、使ってしまったと思えば、返ってこなくても、特に嫌な気持ちにはならないのだ。

使った金を返せ！　というのは無茶な話だ。

使ったものは諦める。そう考えれば、お金のトラブルはだいたい避けられる。

お金にもこだわりがない、モノも持たない。

あらゆるものを捨てている僕が、最後まで**絶対に捨てないものは「時間」だ。**

何度でも言おう。時間は命であり、何にも勝る財産だ。

時間を奪われるぐらいなら、いくらでもお金は払うし、自分で何でも解決しようとせず、遠慮なく人の助けを得る工夫をする。

堀江さんのような密度の高い仕事がしたい！　堀江さんのようになりたい！　と言ってくれる人は多いが、たぶん無理だと思う。

僕は自分が人よりも優れた知識や技術を持っているとは、一度も思ったことがない。努力を重ねている自覚もない。

ただ、**誰よりも時間を大事にして生きている。**

思考の時間を奪うプライドなんか平気で捨てられるし、持ち運ぶ時間を取られるような、モノにとらわれない。

時間に対する価値観が、普通の人とは、まったく違うのだ。

僕と同じぐらい、時間の貴重性を意識して生きている人は、あまり見たことがない。

時間はすべてに優先する、取り換えの利かない資源だと、真剣に考えている。

好奇心

誰からも
奪われることがない
自分だけの人生の相棒が
「捨てるもの」を
最適化する。

もうひとつ、僕が決して捨てられないものは「好奇心」だ。

仕事も遊びも毎日のように増え続け、時間はいくらあっても足りない。

それは、好奇心が尽きないからだ。

ライブドア事件で検察に厳しい追及を受けていた頃や、長野刑務所での収監など、はた目にはひどく不自由な環境を強いられていた時代があったかもしれないが、**どんな境遇にあっても好奇心は失われなかった。**

この案件が片づいたら、次はあれをしよう。この作業を面白くするには、どうすればいい？　と、常に目の前のことに集中し、先の展開を想像するのを楽しんでいた。

現状を観察して思考を埋めたり、そこで得た知識をもとに何らかのビジネスヒントを得るのが、僕は大好きだ。

仕事で忙殺されても、検察に目を付けられても、僕は好奇心は失わなかった。

また、誰も僕から好奇心を奪うことはできなかった。

自分がプレッシャーや時間の制約に負け、自ら捨てることを選ばなければ、好奇心

は絶対に、人からは離れていかないものだ。


好奇心を失う、それは人としての進化を止めたときだ。

養うものでも、お金で増えるものでもない。

少しでも前に進みたい、現状を変えたい、やりたいことを始めたい、と本気で思うこと。そうすれば必ず好奇心は立ち上がり、大胆な行動力へつながっていくはずだ。

好奇心がなくて悩んでいる、という人がいたら、何をやりたいのか、自分にとって本当に大切な目的が、整えられていないのだ。


僕は日常的にトレーニングしているし、体力には人一倍自信がある方だが、やはり起業した直後の、20代の頃の馬力には及ばない。でも当時より40代のいまの方が、好奇心の量は増えていると思う。

それはテクノロジーの進化で、好奇心を実現させる手段が増えたからだ。

やりたいことは尽きないし、日を追うごとに増え続けていく。

好奇心は「捨てられない」と同時に、具体的に「捨てるべきもの」を明確にして、時間の最適化を推進してくれる。好奇心は人生にとって〝相棒〟のようなもの——という言い方は大仰かもしれないが、生涯なくさずに共に過ごしていく、大事な存在なのはたしかだ。

好奇心を叶える時間を、どれだけ確保できるかが、目下の最大の課題だ。

いま僕の好奇心を最も刺激しているビジネスは、やはり宇宙事業だ。

宇宙に初めて憧れたのは、子どもの頃だ。

NASAのアポロ計画で、1969年にアポロ1号が月面に初めて着陸した。日本でも宇宙ブームがわき起こり、1970年代生まれの僕たち世代も影響を受けた。

月の次にロケットは火星に行き、さらに宇宙の向こうへ人類は飛び出していける。僕たちはそんなイメージを抱き、宇宙時代の到来をワクワクして待っていた。

しかし大人になって当時を分析すると、アポロ計画は米ソの冷戦構造の産み落とした遺産であり、戦争型の宇宙開発だったと知った。いわば軍拡競争の一端であり、NASAにとっては人類が宇宙へ行くロマンなど、あまり関係なかったのである。

アポロが月に到着したことで軍拡競争にはいったん終止符が打たれた。宇宙開発に従事していた数十万人の雇用を守るために、スペースシャトル事業が始められた。ＮＡＳＡの宇宙計画は、もとから大規模な公共事業型のビジネスなのだ。橋やダムをつくったり、行政の箱ものをつくるのと変わらない。予算が大量に投じられるのはいいけれど、公共事業だから、発展的な進歩が期待できない難点がある。

１９９０年代以降、ＮＡＳＡの宇宙開発の予算は大幅に縮小されていった。特に有人宇宙飛行の実施は事実上、休止してしまっている。

やっぱり公共事業だよなぁ……。宇宙への夢で胸が膨らんだ世代としては、残念に思う。

しかし、それでも人類は、月に行くことができたのだ。

国主導での開発に発展性が望めないなら、僕たちが宇宙事業をやってしまおうと考えた。それがロケット製造に着手した、最初の動機だ。

現状でも、宇宙に行くのは、それほど難しいことではない。お金さえ払えば、誰でもロケットに乗れる。

ただ、ちょっとコストが高すぎる。無重力を体験する程度の弾丸旅行でも数千万円かかるし、2001年に世界初の民間宇宙旅行者としてISSに滞在したデニス・チトー氏が支払った費用は2000万米ドルとされている。

宇宙ロケットは工業製品だ。大量生産すれば、価格は下げられる。

僕たち民間企業が安全なロケットをたくさんつくり、新しい市場を生み出せば、安価で宇宙旅行へ行けるようになるはずだ。

僕がファウンダーを務める「インターステラテクノロジズ（IST）」は、普通のメーカーでもつくれる部品を使って、世界一低価格でコンパクトなロケットをつくろうと研究開発を続けている。目標は、ロケット界のスーパーカブだ。

北海道の大樹町を拠点に、定期的にロケットの飛行実験を繰り返している。

多くの実験を経て、宇宙ロケット製造のデータと経験値は、着々と積み上がっている。いずれ僕たちは国産の民間宇宙ロケットビジネスの先駆者になるだろう。

いま、稼いでいるお金の大半はこの事業に突っ込んでいる。

2018年の6月の打ち上げ実験では、計測系の一時的な異常動作により、墜落・炎上したことが大ニュースにもなった。

長い時間と巨額の資金を費やし、失敗を重ね、それでも僕はこの事業を続けている。

そして、開発を成功させるのは僕でなくてもいいと考えている。

宇宙に行くのも、僕自身でなくてもいい。

宇宙開発は、未来に夢を持つ仕事だ。知恵や経験をシェアして、多くの人と力を合わせ、成功へ導ければよいと思う。

いまのところ僕たちは先行していると思うが、触発された若い人たちが、それぞれ独自の行動と実践を重ね、業界全体の底上げになってくれるといい。

遺伝子

本当に伝えるべきは
ゲノムではなく
ミームなのである。

長く「捨てる」について、論じてきた。

モノを持つことから早くに解放されている僕には、そもそも「捨てる」ことの意味が、よくわかっていない。「捨てるのがいいのはわかっているけれど、捨てられない」という人の気持ちを理解することは、根本的には無理なのだろう。

僕はそれで、いいと思う。

捨てるのがうまい人と下手な人。どちらの属性の人も共存しているのが、あるべき正しい世界だ。

邪魔なものが片づけられないまま、散らかっている。それもまた多様性の視点では豊かな状態だ。何かのエネルギーを生み出す出発点となるかもしれない。

ただそれは広い観点の話。個人で見るなら、不要物は「捨てる」の一択に尽きる。


「捨てられない」という人は、「ゲノム」と「ミーム」の関係で考えよう。

ゲノムとは遺伝情報の総体であり、ミームとは文化のなかで人から人へと広がっていくアイデアや行動、スタイルや慣習のことだ。

双方の相関関係はＩＴ工学、生物学のどちらの分野にも詳しく論考されているので、詳しく学びたい人は専門書を読んでみてほしい。

人生においてはゲノムより、ミームの方が大事だ。

僕は遺伝情報そのものを記録した物体を保つより、本質的なもの――〈意志〉や〈精神〉〈心に描いている実現したい自分自身〉が、拡散・継承されていく方が、生きていく証になるのではないか？　と考える。

僕は、僕自身のコピーをたくさん欲しいと本気で思っている。

僕とまったく同じ思考と行動のできるコピーがいっぱいいて、僕の思考を実現できる機会が増え、僕と意志を同じくする仲間がより増えていくと気持ちいい。

なんというか、堀江貴文的な概念。

これが、より多くの人へ、拡散・継承されていくことが、さまざまな行動の根本的な理由になっていたりする。こういう書籍を出しているのも、そのひとつ。

そのうえで、**誰かが堀江貴文的なものを進化させて、僕の想像を叶え、さらに凌駕《りょうが》する未来を創造**してくれれば、ちょっと嬉しい。

ゲノムはランダムの要素が多い。だから継承には適さない。概念を記録したデータ、すなわちミームを残していくことに、力を注いでいたい。選び取るべきは〝実在よりも概念〟だ。

モノは結局、ただの個体の容れ物だ。拡散も継承もできない。そして、モノはいつか必ず尽きる。やりたいことをいつまでも残し、耐用度を上げて継承していくには、ミームがあればいい。それ以外のモノは、ほとんどいらないのだ。

モノが捨てられないのは、欲しいモノが明確ではないからだ。

大して欲しくもないモノに囲まれていることで、欲しいモノをわかっていない自分の不充足感から逃げている。モノをたくさん持ち、偽物の安心を得ている。

僕がオン・ザ・エッヂの名称を捨てて、あっさりライブドアに社名変更したように、欲しいものがはっきりしていれば、何だって捨てられる。

「欲しいものがわからないと、本当には欲しくないモノに包囲されて暮らすことになる」

「所有していたモノに、自分が所有されるようになる」

だいぶ前にブラッド・ピット主演の映画化で話題になった、チャック・パラニュークの小説『ファイト・クラブ』の一節だ。続けて、こう書いてある。

「すべてを失ったとき初めて、本当の自由が手に入る」

文字通り、僕はかつて、すべてを失った。だからこの一節の真実味がわかる。失った瞬間は辛い。しかし、モノでは満たせなかった自由を、力いっぱい抱き締めることができた。それは真実だ。

僕はモノの呪縛を解いて、動き続ける。

安定じゃなく、刺激あふれる世界にいたい。
しがらみや古い常識に、とらわれない。とらわれたくない。
何かに縛られて、立ち止まりたくないのだ。

どんな状況でも、決して、見送る側にはならない。
いろんなものを捨てられず、身が重くなった人たちに、見送られる側でいよう。
東大に受かった18歳のときから変わらない、僕の生き方だ。

誰だって、あなたにだって、できる。
迷わず「捨てる」生き方は、難しくない。

COLUMN

いたずらに振り回されると
心身ともに磨り減る。

働き方改革によって、サラリーマンの副業推進が加速している。会社に所属している最大の利点は、巨額の資金と人員が必要なビッグプロジェクトなどに取り組める点だったが、ツールの進化により、個人の副業レベルでも、スケール感のあるプロジェクトを展開できるようになっている。そのような変化のなかで、積極的に副業に取り組もうとしているのは、悪いことではない……のだが、気になるのは「副業しないとヤバい！」と、焦ってる人が多いこと。それで本業に支障が出たり、アルバイトみたいになって心身とも疲弊してしまっては本末転倒。副業も本業も、基本は同じで「何をやりたいのか？」という自分への深い問いかけを怠らないことだ。

COLUMN

フットワーク軽く動くG人材と、絆を重んじるL人材に分けられていく。

これから人材は、フットワーク軽く世界規模で活動するG人材(グローバル志向型)と、絆を重んじてコミュニティをベースに活動するL人材(ローカル志向型)のふたつに、大きく分けられていく。従来はL人材で生きる人たちが人口の9割だったが、スマホなどテクノロジーの進化やシェアエコノミーにより、G人材が急激に増えていく。どちらの方が幸せか?　という議論は無意味だ。人によって向き不向きがあるし、無理にLからGへ、またその逆へ行こうとする必要もない。ただ世界的に、G人材で生きていく方が生き残れる確率は高くなっているという潮流は認識しておこう。

COLUMN

面倒なルーティンも
習慣化できれば続けられる。

僕は好きなことだけしている毎日だ。一方でルーティンのように続けている習慣もいくつかある。ジムでの筋トレ、人間ドッグ、メルマガ執筆、歯のフロス、動画撮影……ほとんどはレギュラー仕事か、健康管理のためだ。特に健康管理を目的とした習慣は欠かさないように気をつけている。多動的人生を支えるには、鍛えられた健康な身体が第一だ。ランニングのように半ばやりたくない運動もあるが、継続させるコツは「それを習慣化させ、いちいち考えない」こと。最初に行動の目的を考えることは大事だが、その後は作業を自動化させるのだ。

終章

to the future

これは確実な根拠と
予測に裏づけられた
成功するビジネスだ。

僕自身は結婚については否定的だ。

だが、友人や知り合いの結婚式に行くのは好きだったりする。

招待されればスケジュールの都合がつく限り、出席している。いまでも年間で多いときは10回以上、お祝いに式場へ足を運んでいると思う。海外での挙式に駆けつけることも、しばしばだ。

結婚を否定しているのに、結婚式に行くのはおかしくないか？　まあそう言われるだろう。でも、僕のなかでは、まったく矛盾していない。

僕は結婚そのものではなく、「結婚によって戸籍に縛られることの弊害」を説いている。愛し合う男女が、心をこめて誓いを交わし、永く共に暮らすことについては、特に否定するものじゃない。そのスタートである結婚式は、まさに晴れの場だ。

式場は基本的にきれいだし、料理も美味い。新郎新婦や、正装で着飾った人たちも華やかだ。居るだけで気持ちのいい空間だと思う。


結婚式は、貴重な旧交を温める場でもある。Ｆａｃｅｂｏｏｋでつながっている程度のゆるい知り合いなど、普段話さないような人と話せるのが面白い。

以前、日本の知人の結婚式で、書道家の武田双雲さんと初めて会った。その場で仲良くなり、後日、武田さんのアトリエに遊びに行った。

会う前は武田さんについては、単なる書道家としてしか認識していなかったが、話してみると、すこぶる面白い人だった。結婚式に出なければ、そんなことは知らなかったと思う。書道家と出会うような機会も、僕にはほとんどなかっただろう。

地元の同窓会には、出なくていい。しかし、意外な出会いを得られる場として、結婚式は悪くないと思う。

僕は、人間関係は、意外とかさばらないと考えている。

人間関係に質量があるわけではない。なんとなく維持するだけならばスペースは取られない。もちろん、時間泥棒のような真似をしてくる鬱陶しいつながりはさっさと切ってしまえばいいと思うが、一昔前と違って格段にケアは楽になった。

これは紛れもなくＳＮＳの恩恵で、Ｔｗｉｔｔｅｒ、Ｆａｃｅｂｏｏｋ、ＬＩＮＥなどのツールで、その時々の距離感に応じた「付き合い分け」が可能になったからだ。

本当に面倒ならブロックすればいいだけだし、いちいち切るのも面倒くさいなら、つながり程度は、いくらでも持っていていい。

「こいつは自分のモノだ！」という〈所有〉。

「こいつがいなければ自分は生きていけない！」（あるいは「自分がいなければこいつは生きていけない」）という〈依存〉。

そして「こいつが自分のもとから離れるのが許せない！」という〈執着〉。

99％の確率で勘違いしているだけの、こんな人間関係における3つの思いこみさえ捨てられれば、気楽にゆるーくつながっておいて、それがきっかけで、結婚式のような不意の縁が得られることもある。

結婚式と並列に語る話じゃないが、僕が長く切らなかったものとして、自分の宇宙事業を挙げておきたい。

インターステラテクノロジズ（IST）の小型観測ロケット「MOMO」の3号機は、令和元年の5月4日の早朝、北海道大樹町から打ち上げられた。ロケットは数分後、高度100キロの宇宙空間に到達した。民間単独のロケットとしては、国内初の成功事例となる。

その日は、夜遅くまでISTの仲間たちと祝杯をあげた。

NHKほか、ニュース番組でもトップで取り上げてもらい、打ち上げ成功の数日後には、柴山昌彦文部科学大臣の閣議後の公式会見で、「我が国の宇宙産業の活性化に向けて大きな弾みになると期待している」という内容のコメントが発表された。

長い道のりだった。

最初に宇宙事業へ関わるようになったきっかけは、2004年の秋だ。

当時、僕はライブドアを率いていて、連日のようにメディアに出ていた。時代の寵児として持てはやされていた頃だ。

名作アニメ長編の『王立宇宙軍　オネアミスの翼』を制作した、ガイナックスの仲介で、SF作家さんたちが僕のもとにやって来た。

そして専門家をチームに引き入れ、ロケットの構想が始まったのだ。

だが、実現は難航を極めた。

まずロシアの企業からエンジンを購入しようとしたが、いろいろあって頓挫。それなら自分たちでつくればいいと、自前でのロケットエンジン開発を始めた。チームはほぼ全員がロケット製造の素人だ。手探りの状態だった。

こつこつ開発を進めていくなか、ライブドア事件が起きた。

僕は逮捕され、勾留された。理不尽な取り調べで、僕は心身ともに疲れ果てた。

だが、仲間たちが拘置所に差し入れてくれた、ロケットエンジンの設計図に、希望を奮い立たせた。この先どうなろうと、僕らはロケットを飛ばすのだ、と。うなだれているわけには、いかなかった。

刑務所に収監された後は、数少ない手紙発信回数を消費して、メルマガの原稿を書き続けた。情報発信することで、社会との関わりを断たないようにする意味もあったが、一番の目的はロケットの開発資金を少しでも稼ぐためだ。

当時のＩＳＴは、独立した法人になっておらず、僕のマネージメント会社の一部門だった。それを、ほぼボランティアで手伝ってくれていた設立メンバーに株を持ってもらい、開発企業として独立させた。

とはいえ僕は収監中で収入は少ない。僕のマネージメント会社からの研究開発委託という形で宇宙事業を継続した。事実上の持ち出しであり、莫大なお金がどんどん消えていく日々だった。

信頼していたISTの初代社長が、病魔に倒れる不幸もあった。

だが直後に、大手企業への就職を蹴って入社してくれていた東工大の青年・稲川貴大君が、ISTの社長に就いてくれた。技術者として優秀なうえに、稲川君には不思議な人望があり、彼を慕っていろんな分野の若い才能が集まった。


服役を終えた直後の2013年3月には、ISTが開発した超小型ロケット「ひなまつり」の発射を行ったが、あえなく失敗に終わる。

資金調達は過酷だった。

僕自身の出資のほか、第三者割当増資で資金を補填した。

クラウドファンディングも、他企業からの融資も、補助金も、使える手段はなりふり構わず、すべて駆使した。

数えきれないほど、資金難にぶち当たった。

数年前からは、僕の収入で支えられる規模を超えていた。

経営者として見るなら、宇宙事業はとっくに〝損切り〟水域に、達していたと思う。

それでも僕は、宇宙事業を諦めなかった。

宇宙に自分たちのロケットを飛ばしたい。そして誰もが、宇宙と身近に関われる、SFの世界を現実にしたいと思った。

普通の人の言葉でいえば、夢を追いかけていると言えるのだろう。

だけど、僕にとっては、夢なんかじゃない。

確実な根拠と予測で裏づけられた、近い将来に成功するビジネスなのだ。


液体燃料小型ロケット「はるいちばん」「なつまつり」などの開発・打ち上げを経て、2017年からは観測ロケット「MOMO」の打ち上げに入った。

ISTの資本金は3985万円。ざっくりだが、これまで事業全体に投じた資金は10億円ほどになると思う。それでも宇宙ロケットの事業としては、かなりコストを抑えられた方だ。

「MOMO」の1号機、2号機の失敗を経て、5月に打ち上げた3号機で、ついに宇宙空間へロケットを飛ばすことに成功した。

15年の月日がよぎり、少しだけ熱いものがこみあげた。

支援いただいた方々や、辛抱強く開発を続けてくれたＩＳＴのスタッフたちには、感謝しきれない。


だが、感慨にふけるのは、ほんの一瞬だった。

僕の本当の仕事は、これからなのだ。

資金調達と、広報の担当として、国内外を駆け回らなくてはならない。ひとつの成功実績によって、以前より資金調達がしやすくなった。これまで以上に、活発に動いていこうと思う。

チームは、役割分担だ。僕は技術者ではない。

現場で意見を述べることはせず、現場のみんながより高い精度のロケットをつくり出せるよう、幅広いＰＲに努め、お金をたくさん集めてくるのが仕事だ。

ベンチャー企業は適材適所で動かないと余裕がなくなってしまう。

ある意味、僕が宇宙事業で「捨てた」のは、技術者としての個人的なこだわりだ。

他にも、事業を進めていくために、捨てたことはたくさんある。

でも最後に、絶対に捨ててはいけないものが残った。

言葉にするのは難しいけれど、打ち上げ実験を成功させたいま、あのときの「ナスビさんチョッキ」を取り戻せたような気持ちになっている。


今後、考えているのは小型衛星の打ち上げ事業への参入だ。

部品の高性能化で衛星の小型化が進み、各国で年間数百機が打ち上げられている。日本でも、ＪＡＸＡから年間数機ほどが打ち上がっているのだ。

いずれの機体もコストは数十億円と高い。また他の衛星との相乗りで、打ち上げの待ち時間が長いなど、さまざまな不都合がある。そんななか安価で、小回りのきく小型ロケットの需要は、世界的に高まっているのだ。

ＩＳＴの技術なら、大型ロケットの10分の1ぐらいのコストで、打ち上げができる。アメリカは軍事的な縛りがあるので難しいが、ヨーロッパやロシア圏は大きな市場になりそうだ。もちろん日本でも、ＩＳＴにロケット打ち上げが受注される流れになるといい。

目指しているのは、「超小型衛星のバイク便」が手軽に飛ばせる世界だ。打ち上げの成功回数を重ねていけば、コストは下げられる。

ロケットを打ち上げる費用が安くなり、より多くの人たちが「自分も宇宙でビジネスしてみようか？」「それぐらいの資本なら集められそうだ」と、やる気になれた頃、初めて宇宙はビジネスの場になるだろう。

僕たちは多くの協力を得て、技術の最初のデスバレーを何とか越えられた。他の競合業者を大きくリードしている。この先、打ち上げの回数を重ね、技術力も知名度も国内トップを走り続けたいと思う。

この本は「捨てるため」の本だ。

さあ、ここまで読んでくれた人ならもうわかっていると思うけど、さっさとこんな本なんて捨ててしまおう。

もし、少しもったいないと思ってくれるならば、誰か大事な人にでもあげちゃえばいい。別に自分で大切に持っていてもらっても構わないけど。

宇宙事業に費やした15年は、いろんなものを失いながら、本当に大事なものを手元に残しておく、僕なりの旅路だった。

その道程は、まだ遠くへ延びている。

行く道すがら、これからも捨てるものは、あるかもしれない。

けれど、捨ててはいけないものが、はっきりとわかっている。

だから、何も怖くはないのだ。


僕は決して、特別な能力の人間ではない。

モノにとらわれなかった賢者でもない。

ただ、やりたいことに没頭する年月を重ねるうち、たまたま「ナスビさんチョッキ」を取り戻す幸運を得られただけだと思っている。

だから、あなたにもきっと、取り戻せるはずだ。

参考文献

堀江貴文『お金はいつも正しい』（双葉社）
堀江貴文『まな板の上の鯉、正論を吐く』（洋泉社）
堀江貴文『我が闘争』（幻冬舎）
堀江貴文『君はどこにでも行ける』（徳間書店）
堀江貴文『金持ちになる方法はあるけれど、金持ちになって君はどうするの？』（徳間書店）
堀江貴文『後悔しない生き方』（セブン＆アイ出版）
堀江貴文『グルメ多動力』（ぴあ）
堀江貴文・落合陽一『10年後の仕事図鑑』（SBクリエイティブ）
堀江貴文『新・資本論　僕はお金の正体がわかった』（宝島社）
堀江貴文・西野亮廣『バカとつき合うな』（徳間書店）
堀江貴文『僕たちはもう働かなくていい』（小学館）
レイチェル・ボッツマン／ルー・ロジャース
『シェア ＜共有＞からビジネスを生みだす新戦略』（NHK出版）
リチャード・J・ライダー＆デヴィッド・A・シャピロ
『人生に必要な荷物 いらない荷物 完全版』（シャスタインターナショナル）
三浦展『これからの日本のために「シェア」の話をしよう』（NHK出版）
重松清『とんび』（角川書店）
チャック・パラニューク『ファイト・クラブ』（早川書房）

ブックデザイン　小口翔平＋山之口正和＋喜來詩織（tobufune）
イラスト　竹田匡志
カバー写真撮影　黑田菜月
構成　浅野智哉
編集　時田 立（徳間書店）

堀江貴文（ほりえ・たかふみ）

1972年福岡県八女市生まれ。実業家。SNS media&consulting（株）ファウンダーおよび、ロケット開発事業を手がけるインターステラテクノロジズ（株）のファウンダーも務める。元・株式会社ライブドア代表取締役CEO。2006年証券取引法違反で東京地検特捜部に逮捕され、実刑判決を下され服役。2013年釈放。現在は宇宙関連事業、作家活動のほか、人気アプリのプロデュースなどの活動を幅広く展開。2019年5月4日にはインターステラテクノロジズ社のロケット「MOMO3号機」が、民間では日本初となる宇宙空間到達に成功した。2014年にはサロン「堀江貴文イノベーション大学校」をスタートした。『ゼロ』（ダイヤモンド社）、『多動力』（幻冬舎）、西野亮廣氏との共著『バカとつき合うな』（徳間書店）など、ベストセラー多数。

● メールマガジン『堀江貴文のブログでは言えない話』
https://www.horiemon.com
毎週月曜日発行。ビジネスや経済、最先端技術、時事問題など、独自の視点による解説や読者からのすべての質問に答えるQ&Aコーナーなど、堀江貴文氏の博覧強記ぶりが垣間見られる唯一の公式メルマガとなる。

捨て本

2019年7月31日　第1刷発行

著　者　堀江貴文
発行人　金箱隆二
発行所　株式会社徳間書店
〒141-8202　東京都品川区上大崎3-1-1
目黒セントラルスクエア
電話　03-5403-4333（編集）　049-293-5521（販売）
振替　00140-0-44392

印刷・製本　大日本印刷株式会社

ISBN978-4-19-864821-3　